Gute Nacht,

Papa!

Gute Nacht, Papa!

Geschichten zum Vorlesen

Von Kester Schlenz

Mosaik

Illustrationen:
Detlef Kersten

 / 5 4 3 2 1

Redaktion: Monika König
Umschlaggestaltung: Heinz Kraxenberger
Umschlagfoto: Bildarchiv Kraxenberger
Satz: Filmsatz Schröter GmbH, München
Druck und Bindung: Clausen & Bosse, Leck
Printed in Germany
ISBN 3-576-11380-0

Inhalt

Für meine Jungs
und Gesa

Die Magie des Erzählens

Gebannt sitzen sie vor mir, in ihrem Etagenbett. Henri oben, Hannes unten. Die Augen groß, die Münder halb geöffnet. Die pure Aufmerksamkeit. Voll da die beiden: Papa erzählt. Das ist ein Ritual, an dem wir alle viel Freude haben. Die Jungs, weil sie sie sich offenbar blendend unterhalten fühlen, meine Frau, weil sie es liebt, wenn sie von oben aus dem dunklen Zimmer mein Gemurmel und das Gekicher der Kinder hört, und ich, weil es mich schlichtweg begeistert, meine Jungs mit Worten so in meinen Bann ziehen zu können. Seit die beiden der Sprache mächtig sind, erzähle ich ihnen Geschichten. Henri ist jetzt neun Jahre alt, Hannes sechs. Da sind im Laufe der Zeit einige Storys zusammengekommen: schrille, herzzerreißende, spannende, doofe, lustige, lange, kurze, komplizierte, einfache, dramaturgisch ausgereifte, aber auch eher dadaistische Fragmente wahnhafter Fabuliersucht. Einige von diesen Geschichten finden Sie in diesem Buch. Zum Vorlesen und – wenn Sie mögen – als Anregung, selber zu jener magischen Person zu werden, die andere mit Worten und ein bisschen Phantasie in fremde, faszinierende Welten entführt. Wie einst die alten Geschichtenerzähler am Lagerfeuer, die … Moment, hier unterbreche ich diese immer kitschiger werdende Eloge und erinnere mich an den harschen Einwurf eines Freundes.

»Du hast gut reden«, schimpfte er kürzlich, als ich ihm – wie jetzt Ihnen – von der Freude am Erzählen berichtete und ihm in schwärmerischen, ja nachgerade glühenden Worten nahelegte, dieses selber zu tun.

»Du hast gut reden«, murrte er also, schüttelte den Kopf, deutete anklagend mit seinem schwieligen Zeigefinger auf mich und fuhr fort: »Wir kennen dich ja. Zwei linke Hände, aber jede Menge Unsinn im Kopf. Dir fällt eben immer was ein für die Kleinen. Aber ich find schon mein Vorlesen Scheiße.«

Nun gut, ich gebe zu, ich bin schon immer ein wenig überspannt gewesen, hatte bereits als Kind eine rege Phantasie. Dies mag für das Ausbrüten von Geschichten förderlich sein. Dennoch gehört weniger dazu, seine Kinder mit Worten zu begeistern, als mein Kumpel

denkt. Dem Mann kann geholfen werden. Denn obwohl seine Vorlesestimme wirklich bemerkenswert modulationsfrei und arm an Nuancen und tonalen Färbungen, also im klassischen Sinne des Wortes *träge* ist – seine Kinder kennen und lieben diese Stimme und für sie gibt es nichts Größeres, als aus dem Mund von Papa (oder auch Mama) Geschichten zu hören.
So, das wäre geklärt. Jetzt brauchen mein Kumpel und jeder, der sich nicht recht zutraut, Geschichten zu erzählen, nur noch die folgenden Regeln zu beachten, die ich in mühsamer, aufopferungsvoller Feinarbeit im Rahmen groß angelegter Selbstversuche zusammengetragen habe. Also, es folgen jetzt:

Zwölf Regeln, die beim Geschichtenerzählen beachtet werden müssen:

1) **Fangen Sie einfach erst mal an, ohne groß nachzudenken.** Wie ein Film braucht auch eine Geschichte für Kinder eine Art Vorspann, damit Sie selber und die Kleinen warm werden, also in die richtige Stimmung gebracht werden.

2) **Stellen Sie zuerst die Personen vor.** Sie können zum Beispiel damit anfangen, dass eine gewisse Person namens Pit, Petra, Ole oder weiß der Geier in einem Haus sitzt und … na ja, da eben erst mal so sitzt. Beschreiben Sie das Haus. Vom Dach bis zum Keller. Von mir aus in gleißender Langatmigkeit. Das kann jeder. So können sich langsam die Gedanken in Ihrem Kopf verfestigen,

wie die Geschichte weitergehen soll oder – seien wir hier ehrlich – wie sie eigentlich überhaupt beginnen soll. Die Kinder aber werden schon jetzt gebannt zuhören. Für sie hat die Geschichte längst begonnen. Sie *sehen* das Haus. Und wenn Sie dann noch ein paar skurrile Dinge wie ein Aquarium mit Mini-Haien, Stühle aus Walfischknochen und automatische Sockenwärmer mit Anti-Stinke-Vorrichtung einbauen, dann sind Sie schon auf der Siegerstraße. Und schon folgt die dritte Regel:

3) Weichen Sie ständig von der Normalität ab. Kinder lieben alles, was unsinnig, skurril, eben unnormal ist. Hosen verkehrt herum anziehen zum Beispiel. Papas mit gelben Haaren. Mütter, die sagen: Und nun wollen wir mal alle so richtig bei Tisch rumsauen. Sie wissen schon, was ich meine.
Also, jetzt haben wir die Hauptperson, ein Haus und grelle Normabweichungen. Nun brauchen wir Regel vier.

4) Konstruieren Sie einen Konflikt oder zumindest ein überraschendes Ereignis. Das ist gar nicht so schwer. Pit oder Petra könnten das Haus verlassen wollen. Man muss ja schließlich zur Schule oder in den Kindergarten. Doch plötzlich … äh, Moment, gleich hab ich's. Ja, genau: Plötzlich kommt also ein Auto angefahren, ein Zwerg springt heraus und schreit: »Hilf mir, Petra, mich verfolgt ein Monster!«
Wow, super, echt krass! Die Kinder sitzen senkrecht im Bett. Sie fragen sich – und leider auch Sie: Woher

kommt der Zwerg? Woher kennt er Petras Namen? Und – verdammt noch mal – was für ein Monster? Hier muss nun Regel fünf eingeschoben werden. Sie lautet:

5) **Lassen Sie sich nicht oder möglichst wenig unterbrechen.** Das reißt schnell ein. Ich kenne das. Wenn Sie damit einmal anfangen, müssen Sie dauernd erzählerische Nebenstränge entwickeln, erläutern, beschwichtigen, erklären, beruhigen. Nein, fordern Sie Ihr Publikum auf zu schweigen und zu lauschen. Es würde sich schon alles zur vollsten Zufriedenheit der geneigten Zuhörerschaft entwickeln. Okay, der Zwerg also und das Monster. Wie geht es nun weiter? Na, mit Regel Nummer sechs.

6) **Die Protagonisten sollten möglichst Dinge tun, die unsere Kinder nicht tun würden.** Petra sagt also nicht:

»Warte, ich hole meine Mama, und fahr bitte ein Stück vor, damit du die Ausfahrt nicht blockierst«, sondern sie sagt: »Bleib cool, Zwerg, ich helfe dir.«

7) **Plündern Sie nun alles an Filmen, Büchern und TV-Sendungen, was Sie kennen, und bauen Sie Versatzstücke in Ihre Geschichte ein.** Also: Was gab es da noch neulich für einen Schrott auf einem dieser Privatsender? Ach ja, der Zwerg stammt also aus einer anderen Dimension, dem … na ja, also dem Zwergenland (macht nichts, wenn Ihnen da nichts Knackigeres einfällt. Mit der Zeit geht das lockerer und Sie texten stattdessen »Land der Tausend Flötenkröten« oder »Mini-Playback-Showland«). Also, wo waren wir?
Ach ja, und nun folgt diesem kleinen, hilflosen Zwergenmännchen, das sich vor lauter Angst einen Kleinwagen geborgt hat, ein Monster. Das hat vier Arme, drei Augen und sonstige putzige anatomische Anomalien. Und es stammt aus der Kanalisation, lebt von Abfällen und frisst nichts lieber als Zwerge … nun ja, so weit, so gut. Äh …
Hier kommt nun der Punkt, vor dem Sie sich schon gefürchtet haben. Sie wissen nicht weiter. Sie haben da jetzt so einen Scheiß-Zwerg, ein Monster und die herbe Petra. Und nun? Recht einfach, meine Damen und Herren. Sie wenden Regel Nummer acht an.

8) **Beziehen Sie jetzt Ihre Kinder mit ein.** Fragen Sie scheinheilig: Und was glaubt Ihr, was nun passiert? Sie glauben nicht, was das bringen kann. Riesenideen! Spit-

zenwendungen! Topszenen! Das reißt Sie raus. Wenn nicht, dann bleibt nur noch Regel Nummer neun.

9) **Sorgen Sie nun erneut für eine überraschende Wendung.** Und nehmen Sie im Übrigen umgehend diese furchtbaren Horrorelemente aus der Geschichte. Mir ist nämlich gerade aufgefallen, dass es nicht gut kommt, den Kleinen zur Nacht etwas von mutierten Monstern zu erzählen. Dann träumen sie schlecht, sitzen morgens um drei mit tellergroßen Augen bei Ihnen am Bett und flüstern mit bebender Unterlippe, sie hätten »von diesem Monster geträumt«. Fast meine ich, dass dies Anlass zur Formulierung einer weiteren Regel gibt.

10) **Vermeiden Sie in Gute-Nacht-Geschichten allzu gruselige Themen.** Also keine bösen Monster, keine Kettensägen, Zombies oder Aliens, die von Eingeweiden le-

ben. Lieber Feen, Trolle, Zwerge, Gaukler, Clowns und andere putzige Gestalten, die gutherzig, ein bisschen doof, aber insgesamt liebreizend sind. Aber ich will mich nicht drücken. Erstens kann man ja auch tagsüber Geschichten erzählen und da dürfen wir ruhig mit Monstern und so was arbeiten, und zweitens haben wir ja hier nun mal den Unsinn mit dem Untier, welches den Zwerg verfolgt, schon zum Besten gegeben. Wie kommt man da wieder raus? Natürlich mit Regel elf. Sie lautet:

11) Wenn die Spannung unerträglich wird, die Geschichte also den dramaturgischen Siedepunkt erreicht hat, bemühen Sie sich um Ruhe und Frieden und wenden Sie Regel neun an. Also her mit einer weiteren überraschenden Wendung. Und die sollte nachgerade zuckersüß, unglaublich harmlos, völkerverbindend sowie multikulturell sein und im Übrigen die Genfer Konvention beachten. Für unsere Geschichte heißt das: Das Monster ist gar kein Monster, sondern lediglich ein verunstalteter, aber harmloser Waldbewohner, der dem Zwerg eigentlich nur eine Nachricht von der Zwergenkönigin überbringen will. So eine Art Quasimodo. Sie verstehen, nicht wahr? Das Monster ist lieb. Petra merkt das noch rechtzeitig, bevor sie angreift (sie kann nämlich Judo). Und zwar merkt sie es, weil das Monster weint. Sie fragt: »Was hast du denn, Monsti?«
Und das sagt: »Ich bin so hässlich, dass die Schwarte kracht.«
Und Petra antwortet: »Gar nicht, mein kleines Monster. Ich finde, du siehst recht knorke aus.«

Und daraufhin lacht das Monster vor lauter Freude über das ganze potthässliche Gesicht und ist glücklich. Auch der Zwerg ist nun beruhigt. Er bekommt seine Nachricht. Die könnte zum Beispiel lauten: »Komm nach Hause. Essen ist fertig«. Na ja, und aus Dankbarkeit nehmen die beiden Petra mit ins Zwergenland (nicht jedoch, bevor sich diese bei ihren Eltern ordnungsgemäß abgemeldet hat).

Ja, und zur Beschreibung des Zwergenlandes wenden Sie nun wieder Regel Nummer sieben an. Sie könnten ein bisschen was aus »Gullivers Reisen« klauen und diese Motive dann mit Elementen aus dem »Schlaraffenland« verbinden. Fertig ist die Laube. Sie werden sehen, wie fasziniert die Kleinen lauschen, wenn Sie von Apfelsaft-Bächen, Schokoladen-Tannenzapfen, Popcorn-Hagel, Zuckerwatte-Wolken und all so was erzählen. Möglicherweise verstricken Sie sich nun aber wieder etwas, kommen vom Hundertsten ins Tausendste und fragen sich: Wie geht der ganze Kram nun aus? Es ist Zeit für Regel Nummer zwölf.

12) Das Ende muss nicht unbedingt logisch, folgerichtig oder gar nachvollziehbar sein. Es muss aber unbedingt für die Kinder befriedigend sein und sämtliche offenen Fragen beantworten. Alle Schicksale müssen rechtsverbindlich geklärt sein und alle Hauptpersonen wieder an die Ausgangspunkte zurückversetzt werden oder aber neue, befriedigende Aufgaben finden. Zwerge und Monster in den Wald. Petra nach Hause. Eltern freuen sich. Und morgen sieht man sich wieder.

Ha!, werden Sie jetzt rufen. Glaubt der wirklich, mit so einem zusammengestückelten Mist könne man Kinder unterhalten? Glaubt er das wirklich?
Ja!, schleudere ich Ihnen hier entgegen. Machen Sie den Test. Gleich heute abend. Die Mischung aus Thrill und Unsinn überzeugt immer. Erst sie gibt Ihnen eine Chance gegen Pipi, Pumuckl und Co. Haben Sie Mut. Ich weiß, Sie können es schaffen. Sie haben doch auch dieses ungemein seltsame Buch bis hierhin gelesen, nicht wahr? Sicher, Sie haben sich gefragt: Warum tue ich das? Wer ist dieser Kester Schlenz und warum lässt man ihm nicht die dringend nötige nervenärztliche Behandlung zuteil werden? Und dennoch lasen Sie weiter. Dazu gehört schon eine gewisse Portion Mut und Offenheit gegenüber dem Andersartigen, Sonderlichen. Ich weiß es, Sie sind auch ein Geschichtenerzähler.

Aber Sie werden noch einen weiteren – nicht unberechtigten – Einwand haben. Denn vielleicht haben Sie schon ein paar meiner Geschichten in diesem Buch gelesen und finden sie ganz nett, womöglich gar ausgefeilt und sprachlich von recht ordentlicher Qualität. Und Sie finden, dass das ja nun so gar nichts mit dem hilflosen Gestammel und Herumimprovisieren im Rahmen der Vorstellung meiner zwölf Regeln zu tun hat? Und viel Geklautes aus Klassikern fanden Sie auch nicht.

Recht haben Sie. Aber was meinen Sie, wie meine ersten Entwürfe für diese Geschichten ausgesehen haben? Na, was meinen Sie? Sie sahen nämlich nicht so aus wie jetzt. Überhaupt nicht. Sie waren wirr, bruchstückhaft, sprunghaft und tumb. Aber ich habe sie ausgebaut. Nach und nach. Wie eine Schrebergartenhütte, aus der schließlich nach und nach ein Haus wird. Und glauben Sie mir: Es macht Spaß, mit seinen Kindern darin zu wohnen. Ganz einfach, weil Sie es mit ihnen selber gebaut haben.

Du meine Güte, ist das nicht ein schöner, rührender Abschlusssatz? Haben Sie mal ein Taschentuch für mich?

Der Kokolori

Hier wird endlich geklärt, warum Kinder oft nicht aufhören können herumzualbern, auch wenn ihre Eltern schon schlechte Laune kriegen. Schuld daran ist der Kokolori. Das ist ein winziger Typ, der es faustdick hinter den Ohren hat.

Komisch, dass bisher noch niemand über den Kokolori geschrieben hat. Dabei kennt ihr ihn alle. Nein? Einen Kokolori kennt ihr nicht? Und ihr wisst auch nicht, ob ihr jemanden mit einem so beknackten Namen überhaupt kennen wollt? Moment, Leute. Nicht ganz so schnell. Ich behaupte: Ihr kennt den Kokolori! Denn: Kennt ihr es nicht, das Gefühl, wenn man ganz doll Quatsch machen will? Wenn man immerzu kichern muss und gar nicht mehr aufhören kann? Selbst wenn Mama oder Papa sagen, dass es nun aber gut sei mit der ewigen Rumkasperei? Und ihr trotzdem mit rotem Kopf weitergackert? Wenn auch eine kleine Portion leiser? Ha! Ich sehe, ihr kennt das Gefühl. Hab ich es doch gesagt. Was das mit dem Kokolori zu tun hat, wollt ihr wissen? Es hat viel mit dem Kokolori zu tun. Sogar ziemlich viel. Denn immer, wenn ihr euch so fühlt und ganz doll Quatsch macht – dann ist der Kokolori bei euch.

Der Kokolori ist unsichtbar. Total und absolut unsichtbar.
Ich weiß allerdings, wie er aussieht. Wie das kommt? Ich weiß es nicht. Eines Tages habe ich ihn einfach gesehen. Zack – da war er! Bei uns in der Küche. Mein Sohn Henri stand da und war eigentlich ganz ruhig, aber auf einmal fing er an zu gackern.
»Was ist denn so lustig?«, fragte seine Mama.
»Ich weiß auch nicht«, sagte Henri, »mir ist auf einmal so kicherig.«
Und dann sah ich ihn – den Kokolori. Es war ein kleiner Kerl, nicht größer als eine Maus. Er trug eine rote Kappe mit einem blauen Stern über dem Schild, ein Hemd mit einem großen »K« darauf, eine Lederweste, eine braune Lederhose und Stulpenstiefel. Und er hatte drei Augen und eine Nase, die aussah wie eine Gewürzgurke. Grün und groß. Eben dieser seltsame kleine Kerl saß auf Henris Schulter und grinste. Und Henri kicherte.

»Da«, sagte ich mit offenem Mund und zeigte auf den Kokolori (obwohl ich damals natürlich noch nicht wuss-

te, dass er Kokolori hieß). Also ich sagte »da«, und weiter: »Bei Henri auf der Schulter, da sitzt was.«
Henris Mama sah hin und auch Henri schaute auf seine Schulter. Er hatte aufgehört zu kichern. Und auch der Kokolori grinste nicht mehr, sondern sah erschrocken in meine Richtung.

»Was soll auf seiner Schulter sitzen?«, fragte Henris Mama und runzelte die Stirn.
»Da ist nichts«, sagte auch Henri.
»Aber da auf Henris Schulter sitzt ein Zwerg und grinst, also ich meine, eben hat er noch gegrinst.«
»Papa, jetzt machst du mal wieder Quatsch«, sagte Henri und ging hinaus, um mit seinem Bruder Hannes zu spielen.
Der Kokolori hüpfte von seiner Schulter, sprang auf den Küchentisch und sah mich mit gerunzelter Stirn an.
»Da«, sagte ich zu Henris Mama, die übrigens Gesa heißt. »Jetzt ist er auf den Tisch gesprungen.«

»Jetzt ist aber Schluss mit dem Unsinn«, sagte sie.
»Willst du damit sagen, dass du ihn wirklich nicht siehst?«, fragte ich sie.
»Wen denn?« fragte sie zurück und sah mittlerweile schon ein bisschen gnatzig aus.
»Na, diesen Zwerg da auf dem Tisch.«
»Nun hör aber mal auf. Ich finde, dass du jetzt wirklich genug Quatsch gemacht hast«, sagte Gesa und ging auch hinaus.
»Das gibt es doch nicht«, murmelte ich und starrte den Kokolori an. »Niemand außer mir kann dich sehen. Ich muss verrückt geworden sein.«
»Verdammt, verflixt und zugenäht«, sagte der Kokolori. »Wieso kannst du mich sehen?«
»Ich weiß nicht«, antwortete ich. »Du stehst da auf unserem Küchentisch und ich kann dich sehen. Weil du eben … na, weil du eben da bist.«
»Das kann nicht sein. Du kannst mich nicht sehen«, sagte der Kokolori. »Kein Mensch kann mich sehen. Und du bist doch ein Mensch, oder? Zumindest siehst du genauso aus. Groß, ein bisschen doof und auch ziemlich hässlich.«
»Natürlich bin ich ein Mensch«, antwortete ich. »Und außerdem siehst du auch doof aus.«
Ich war ein bisschen verärgert, müsst ihr wissen. Wer lässt sich schon gern in seiner eigenen Küche von einem Zwerg beleidigen?
Der Kokolori schwieg und kratzte sich unter seiner komischen Mütze die Haare. Sie waren rosa.
»Also wirklich«, sagte er schließlich. »Das ist im höchsten

Maße sonderbar. Bei meiner Gurkennase: Du bist der erste Mensch, der mich sehen kann. Ich lebe jetzt schon seit mehr als zweitausend Jahren in dieser Gegend und noch nie hat mich einer von euch gesehen. Verflixt, vermixt und zugeschwitzt – wie ist das möglich?«

»Ja, wie ist das möglich?«, wiederholte ich. Und dann fragte ich: »Wer bist du überhaupt?«

»Ich bin der Kokolori«, sagte er.

»Ach«, sagte ich.

»Ja«, sagte er. »Der Kokolori.«

»Und was bitte ist ein … Kokolori?«, fragte ich.

»Na, das siehst du doch. Ein Kokolori ist ein überaus hübsches, schlaues kleines Wesen, das die Kinder zum Kichern bringt.«

»Zum Kichern?«, fragte ich ungläubig.

»Zum Kichern«, wiederholte er. »Oder auch zum Gackern, Wiehern, Grölen, Toben, Kreischen und Lachen. Ganz wie du willst. Hauptsache, es ist lustig und laut. Denn das gefällt mir. Schrillpeter und Linsen. Jedes Kind muss grinsen.«

Ich setzte mich mit weichen Knien auf einen Stuhl. »Willst du damit sagen, dass du es bist, der Kinder zum Lachen bringt?«

»Exakt, genau, voll richtig. Ins Schwarze getroffen. Dies ist meine Aufgabe. Dafür bin ich da.«

»Und sonst würden Kinder nicht lachen?«

»Doch, schon«, antwortete der Kokolori. »Aber nicht so oft und nicht so lange. Und nicht so schön laut.«

»Und wo kommst du her und wer hat dir gesagt, dass du das tun sollst?«

»Weiß ich doch nicht«, antwortete der Kokolori. »Ich bin eben da und mache, was zu tun ist.«
»Und warum kann ich dich sehen?«
»Das wüsste ich auch gerne«, antwortete der Kokolori. »Irgendwas stimmt nicht mit dir.«
»Unsinn«, sagte ich. »Mit mir ist alles in Ordnung.«
»Ist ja auch egal«, sagte der Kokolori. »Ich bin übrigens gern in diesem Haus. Es ist schon ohne mich recht lustig hier, deine Kinder sind echte Quatschköpfe. Sehr nette kleine Lachsäcke.«

»Danke«, sagte ich. »Aber sag, wie funktioniert das mit dem Lachen und Kichern? Kitzelst du die Kinder?«
»Nö, ist nicht nötig«, sagte der Kokolori und popelte ein bisschen in seiner Gurkennase. »Ich brauche mich nur auf ihre Schultern zu setzen und schon fangen sie an loszugackern. Manchmal zwanzig, dreißig auf einmal. Einfach, weil ich da bin.«
»Moment«, fragte ich. »Wie kann *ein* Kokolori *mehrere* Kinder zum Lachen bringen? Du kannst doch immer nur bei einem sitzen?«
«Na, ganz einfach. Schrillpeter und Linsen. Jetzt wirst du grinsen: Weil ich mich vervielfältigen kann. Einmal, zweimal, dreimal. Ich kann mich so oft verdoppeln, wie ich will. Und dann sitze ich bei vielen Kindern auf der Schulter und alle gackern. Herrlich. Einfach herrlich.«
»Also wirklich. Jetzt hört's aber auf. Ich glaube ja viel, aber das kann nicht sein.«
In diesem Moment kamen meine beiden Söhne Henri und Hannes in die Küche. Sie hatten sich anscheinend gerade gestritten und wollten, dass ich irgendetwas kläre. Sie kamen also rein und guckten ziemlich böse.
»Papa«, rief Henri. »Hannes war blöd. Er hat mein Lego-Auto mit Absicht kaputtgemacht!«
»Stimmt gar nicht!«, rief Hannes. »Das war aus Versehen.« Sie fingen an, sich zu schubsen und gegenseitig anzuschreien.
Aber auf einmal wurde alles anders. Der Kokolori winkte mir kurz zu, klatschte einmal in die Hände und – zack – plötzlich standen zwei Kokoloris auf dem Tisch. Beide sahen ganz genau gleich aus, bewegten sich auf die glei-

che Art und Weise und sprachen beide gleichzeitig zu mir: »Schrillpeter und Linsen – da hörst du auf zu grinsen, was? Ich hab's dir doch gesagt. Ich kann so viele von mir herbeihexen, wie ich will.«
Und dann sprangen die beiden Kokoloris hoch in die Luft und landeten – dong – einer bei Henri und einer bei Hannes auf der Schulter. Und wisst ihr, was geschah? Die beiden, die sich eben noch heftig gestritten hatten, hörten auf einmal damit auf und fingen an zu kichern. Sie begannen sogar umherzutanzen, kitzelten sich gegenseitig, gackerten. Kurz: Die beiden waren wie ausgewechselt. Und auf der linken Schulter von jedem saß – unsichtbar für sie – der Kokolori und feixte.
»Pass auf, gleich reden sie nur noch Quatsch«, riefen die Kokoloris im gleichen Moment.

Und tatsächlich. Henri stellte sich in die Mitte der Küche und rief: »Ich bin ein Meerschweinchen und esse gern Tapeten.« Und dann begann er an der Wand herumzuknabbern.
Hannes konnte sich vor Lachen kaum halten, warf sich auf den Boden und rief immerzu: »So ein Pupsgesicht! So ein kleines Pupsgesicht!«
Ich kann euch sagen, es war der Teufel los bei uns in der Küche! Oder sollte ich vielleicht sagen, der Kokolori war los?
Egal. Jedenfalls kam Gesa plötzlich in die Küche. »Was ist denn hier los?«, rief sie und verbot Henri, weiter an der Tapete herumzuknabbern. Daraufhin gackerten die beiden nur noch mehr und Gesa schüttelte den Kopf.
Auf jeden Fall hatte mich der Kokolori überzeugt, dass er die Wahrheit gesagt hatte. Es war wirklich unglaublich. Da gab es also ein winziges Wesen, das sich vervielfältigen konnte und Kinder zum Herumalbern und Gackern brachte.
Ich beschloss, meine gackernden Kinder und meine kopfschüttelnde Frau in der Küche zurückzulassen. Mit einer Handbewegung forderte ich den Kokolori auf, mir zu folgen, und verließ den Raum.
»Du hast mich überzeugt«, sagte ich. »Ich glaube dir, obwohl ich es kaum glauben kann.«
»Was für ein schöner Satz«, lachte der Kokolori. »Du gefällst mir. Es stört mich fast gar nicht mehr, dass du mich sehen kannst. Es ist auch mal nett, sich mit einem Menschen zu unterhalten.«
Ja, und so wurden der Kokolori und ich Freunde. Immer

wenn er bei uns vorbeischaut und meine Kinder zum Gackern bringt, lade ich ihn zu mir in die Küche ein und dann trinken wir einen Kakao. Noch immer kann ihn niemand außer mir sehen. Der Kokolori meint, es liege vielleicht daran, dass ich für einen Erwachsenen ziemlich viel Quatsch mache. Vielleicht hat er ja recht.

Und wenn ihr mal groß seid und trotzdem noch Spaß am Quatsch machen und Herumalbern habt … ja, dann … vielleicht, ganz vielleicht könnt ihr den Kokolori dann auch sehen. Wer weiß?

»Du schaffst das schon, Pit«

Diese Geschichte ist pädagogisch wertvoll, politisch korrekt, durch und durch harmlos, wenig aufregend, aber dennoch ziemlich lustig und unterhaltsam. Ja, so was gibt es. Hier ist der Beweis:

In einem Haus, mitten in der großen Stadt, wohnt der kleine Pit. In dem Haus gibt es viele Wohnungen. Es ist ein Hochhaus. Pit und seine Mutter und sein Vater wohnen in der Mitte. Pits Eltern arbeiten viel. Pit ist oft allein. Er hat auch keine richtigen Freunde. Das liegt daran, dass Pit ziemlich schüchtern ist. Pit ist nämlich zu dick. Wenn die anderen beim Sport in der Schule Seile hochklettern oder über Matten springen, dann steht Pit abseits und schämt sich. Er kann sich einfach nicht gut bewegen. Deshalb ist Pit ziemlich traurig.

Und weil Pit traurig ist, isst er viel. Schokolade, Pizza, Pommes frites, Eis, Lollis und so weiter. Das tröstet ihn immer ein wenig. Aber leider wird er davon noch dicker. Immer dicker. Und kann sich immer schlechter bewegen.

Seine Eltern schütteln oft besorgt den Kopf: »Was sollen wir nur mit dir machen?«, sagen sie. Aber sie sind häufig

weg. Dann kann Pit an den Kühlschrank gehen und essen, was er will. So geht alles weiter wie immer.
Eines Tages sitzt Pit am Fenster seines Zimmers und guckt raus. Draußen regnet es und Pit ist noch ein bisschen trauriger als sonst. Da fährt plötzlich ein großer Lastwagen vor dem Haus vor. Es ist ein Möbelwagen. Unten rechts im Haus ist schon lange eine Wohnung frei.
»Das müssen die neuen Mieter sein«, denkt sich Pit und guckt gespannt nach unten. Aus einem Auto neben dem Möbelwagen steigen zwei Erwachsene und gehen zu den Möbelpackern.
»Schade, keine Kinder«, denkt Pit. Doch plötzlich hüpft – schwupp – noch jemand aus dem Auto. Es ist ein klei-

nes Mädchen. Spindeldürr. Mit pechschwarzen Locken, die wie Korkenzieher abstehen. Das Mädchen ruft etwas und Pit sieht, dass es eine große Zahnlücke hat. Ihre Eltern lachen und das Mädchen lacht auch. Pit kann es bis oben zu seinem Fenster hören: »Hihihihaahoohoo«. Das Mädchen beginnt auf und ab zu hüpfen und verschwindet im Treppenhaus.
Pit wird sehr neugierig. Dieses Mädchen muss er sich näher ansehen. Er zieht sich seine Jacke an und fährt mit dem Fahrstuhl nach unten. Pit nimmt immer den Fahrstuhl. Zu laufen hat er keine Lust. Als er unten ist, sieht er das Mädchen auf einer Umzugskiste neben der Wohnungstür sitzen. Pit bleibt neben dem Fahrstuhl stehen und wartet. Pit wartet immer. Dann sieht ihn das Mädchen.
»Hallo«, ruft es und springt auf. »Wohnst du auch hier? Ich heiße Bobo.«
»Ich bin Pit«, sagt Pit und wird rot.
»Hey, deshalb brauchst du doch nicht rot zu werden«, ruft Bobo. »Ich bin froh, dass hier noch ein Kind wohnt. Wollen wir morgen zusammen spielen?«
Pit ist erstaunt. Es hat ihn lange keiner mehr gefragt, ob er mitspielen will. »Ja, klar«, sagt Pit und lächelt.
»Gut, Knut«, sagt Bobo. »Dann morgen um vier vor meiner Tür.«
»Gut, aber, äh, ich heiße nicht Knut«, sagt Pit.
»Weiß ich«, antwortet Bobo. »Das war nur ein Witz.«

Als Pit am nächsten Tag aus der Schule kommt, ist er schon ganz aufgeregt. Heute wird er Bobo treffen! Kurz

vor vier zieht er sich seinen gelben Lieblingspulli an und fährt mit dem Fahrstuhl runter zu Bobos Wohnung. Pit klingelt. »Trapp, trapp, trapp«, hört er schnelle Schritte und dann wird die Tür aufgerissen. Bobo steht vor ihm, lacht und sagt: »Mensch, toller Pulli, Uli.«
»Ich heiß doch Pit«, sagt Pit.

»Weiß ich doch. Komm rein, Hein«, sagt Bobo und tritt zur Seite. Pit sieht, dass alles in der Wohnung von Bobo und ihren Eltern noch sehr durcheinander ist.
»Meine Eltern arbeiten viel«, sagt sie. »Das wird noch dauern, bis alles fertig ist.«

»Meine Eltern sind auch immer weg«, sagt Pit und guckt ein wenig traurig.
»Hey«, ruft Bobo. »Nun guck mal nicht so miesepetrig. Komm in die Küche. Ich habe Tee gekocht.«
Und dann sitzen Bobo und Pit in der Küche und trinken Tee, der nach Apfelsinen schmeckt.
»Gut«, sagt Bobo schließlich. »Jetzt lass uns mal nicht so rumsitzen. Wir spielen heute ›Floßfahrt auf dem wilden Fluss‹.«
Pit macht große Augen. »Wo sollen wir denn das spielen?«, fragt er ungläubig.
»Na, hier«, sagt Bobo. »Draußen ist ein Mistwetter.«
»Aber hier ist doch kein Fluss und auch kein Floß«, antwortet Pit.
»Mensch«, ruft Bobo und springt auf. »Wir stellen uns das einfach vor. Wir tun einfach so.«
Dann zieht sie Pit mit ins Wohnzimmer. Sie springt aufs Sofa und ruft: »Hier ist unser Floß. Halt dich fest. Der Teppich ist der reißende Fluss. Er wird immer wilder.«
Pit springt mit aufs Sofa. Und jetzt versteht er, was Bobo meint. Er tut einfach so, als ob da wirklich ein Floß und ein Fluss wären.
»Mensch, sitz nicht so rum, Pit!«, ruft Bobo. »Gleich kommen die Stromschnellen. Wir müssen rudern, damit wir nicht gegen die Felsen stoßen.« Und dann paddelt sie wild mit einem unsichtbaren Ruder herum. Sie drückt und schiebt und ächzt und ruft: »Mehr nach links, Pit, da kommt ein großer Felsen!« Jetzt ist auch Pit ganz begeistert dabei. Wie wild arbeitet er mit seinem Ruder, um die furchtbaren Stromschnellen zu besiegen.

Dann ruft Bobo plötzlich: »O nein, ein Felsen hat das Floß erwischt. Es bricht auseinander. Wir müssen schwimmen!« Und dann wirft sie sich vom Sofa, bleibt auf dem Bauch liegen und beginnt Schwimmbewegungen zu machen. Pit stürzt sich hinterher. Auch er liegt jetzt auf dem Teppich und schwimmt. Ihm ist schon ganz warm, aber so viel Spaß hatte er lange nicht mehr. Er hat sogar ganz vergessen, etwas zu essen.
Am nächsten Tag treffen sich Pit und Bobo wieder.
»Heute müssen wir uns durch den größten Urwald der Welt kämpfen, Pit«, ruft Bobo schon, als sie die Tür öffnet.

Pit guckt erstaunt. »Ein Urwald?«
»Ja, unser Flur ist total überwuchert worden. Durch Zauberkräfte. Mitten in der Nacht«, ruft Bobo und schlägt mit einem Stock auf unsichtbare Pflanzen ein. Sie gibt Pit auch einen Stock und sagt: »Nimm dieses Schwert und hilf mir, das Dickicht zu durchbrechen. Hinter dem Urwald soll ein Schatz verborgen sein.«
Und nun tut auch Pit so, als ob es da ein riesiges Gewirr aus Pflanzen gäbe, das sie durchdringen müssen, um zu dem gewaltigen Schatz zu gelangen. Immer wieder schlagen sie mit ihren Stöcken, nein Schwertern, zu und kämpfen sich vorwärts. Meter um Meter. Und immer wieder erfindet Bobo neue Gefahren. Mal müssen sie mit einem Panter kämpfen, mal müssen sie mit viel Anlauf über einen sehr breiten Bach springen. Aber schließlich, nach einer ganzen Weile, sind sie endlich am Ziel.
Bobo ruft: »Da ist der geheime Ort mit dem Schatz!« und zeigt auf die Küchentür. »Dort müssen wir hinein!« Sie tut so, als ob die Tür ganz schwer aufgeht, und Pit muss mithelfen. Dann sind sie endlich in der Küche. Es ist seltsam dunkel hier. Bobo hat vorher die Gardinen zugezogen und nur eine kleine Lampe angemacht. Und mitten auf dem Tisch steht eine große Schale mit Apfelsinen.
»Da ist er, unser Schatz!«, ruft Bobo und hält triumphierend eine der Apfelsinen hoch. Pit schmecken die Apfelsinen so gut wie noch niemals zuvor.
Bobo und Pit sehen sich jetzt fast jeden Tag. Und jedes Mal denkt sich Bobo irgendetwas Verrücktes aus. Meistens in der Wohnung, weil es draußen so kalt und nass

ist. Bobo ist wirklich lustig. Sie kann nie stillsitzen und jedes ihrer Spiele ist unheimlich anstrengend. Aber Pit fühlt sich sehr gut. Noch nie hat er sich so viel bewegt und so wenig ans Essen gedacht wie in den letzten Wochen mit Bobo.

Als es draußen das erste Mal schneit, ist Bobo völlig aus dem Häuschen. Sie zeigt auf den großen Parkplatz vor der Tür und ruft: »Wir müssen uns durch die Eiswüste kämpfen. Komm runter!«

Und schon stehen die beiden mit einem Schlitten unten und jeder muss den anderen eine Weile ziehen. Sie stellen sich vor, dass sie hundert Kilometer weit durch einen

Schneesturm laufen müssen, ehe sie bei der Forschungsstation ankommen.
»Wenn wir schlapp machen, erfrieren wir«, ruft Bobo, als Pit einmal schnaufend eine kleine Pause machen will. »Streng dich an, Jan!«
Und so schaffen sie es schließlich und kommen erschöpft und frierend, aber sehr zufrieden wieder in Bobos Wohnung an. Dann trinken sie wieder heißen Tee, der diesmal nach Johannisbeeren schmeckt.
Aber nicht nur Bobo denkt sich Sachen aus. Auch Pit traut sich jetzt etwas vorzuschlagen. Einmal hat er die Idee, im Keller des Hochhauses Höhlenforscher zu spielen. Bobo ist begeistert. Sie holen sich ihre Taschenlam-

pen und erkunden mit klopfendem Herzen die gewaltige Höhle unter dem Haus. Es ist ein bisschen gruselig und Bobo hat etwas Angst. Sie greift nach Pits Hand. Das gefällt ihm gut. Er fühlt sich stark und mutig, als er mit seiner Freundin durch die Dunkelheit schleicht.

Am gleichen Abend isst Pit mit seiner Mutter und seinem Vater Abendbrot. Seine Mutter sieht ihn nachdenklich an. »Du siehst so verändert aus, Pit«, sagt sie.

»Wie denn?« fragt Pit.

Seine Mutter lacht. »Irgendwie fröhlicher und, na ja, als ob du ein paar Kilo leichter geworden wärest«, sagt sie. »Und das steht dir gut.«

»Wie kommt denn das?«, fragt sein Vater. »Machst du eine Diät?«

Pit grinst seinen Vater an und sagt: »Ich bin einfach nicht mehr so faul, Paul.«

Sein Vater runzelt die Stirn. »Das freut mich, Pit, aber ich heiße doch Bernd.«

»Das weiß ich«, sagt Pit. »Das war nur ein Witz, Fritz.«

Da müssen alle lachen.

Die wundersamen Abenteuer von Ben und Maxi

Dies ist eine ziemlich phantastische Geschichte von sprechenden Tieren, Riesenameisen und Flugsauriern, die gemeinsam mit zwei Kindern und deren Großvater Abenteuer erleben. Die Geschichte ist nicht für sehr kleine Kinder geeignet, weil es zum Teil heiß hergeht. Der Überfall der Raub-Asseln macht mich jetzt noch fertig. Wie kann ein einzelner Mensch solchen Thrill erzeugen, frage ich mich selbst. Meine Damen und Herren – ich weiß es nicht. Ich tat es einfach! Also: anschnallen und loslesen!

Ben und Maxi waren noch Kinder. Kinder wie ihr. Aber ein paar Dinge waren anders als bei euch. Genau genommen, sehr viel anders. Zum einen hatten Ben und Maxi keine Eltern mehr. Sie lebten bei ihrem Großvater Richard. In einem sehr großen Haus auf einem riesigen Grundstück am Rande eines Waldes. Großvater Richard war ein erfolgreicher Schriftsteller und oft tagelang nicht zu sehen. Er war sehr lieb, aber er brauchte nun einmal seine Ruhe, um seine Bücher zu schreiben. Deshalb hatten sich Ben und Maxi daran gewöhnt, sich um fast alles selbst zu kümmern. Sie standen allein auf, machten sich selber Frühstück, gingen zur Schule und kauften re-

gelmäßig allein im Supermarkt ein. So waren sie es gewohnt und deshalb dachten sie sich nichts weiter dabei. Die anderen Kinder aber fanden es toll, dass die beiden so viel allein bestimmen konnten. Was sie essen wollten zum Beispiel. Oder was sie sich zum Anziehen oder zum Spielen kaufen wollten.
In den Ferien aber war alles anders. Denn Großvater Richard richtete es immer so ein, dass er zu dieser Zeit mit einem Buch oder einem Artikel für eine Zeitschrift fertig war. Und dann unternahmen sie alle drei große, weite Reisen in ferne Länder. »Ihr müsst die Welt sehen«, sagte Richard stets und zeigte ihnen auf dem Globus das nächste Ziel.
Einmal fuhren sie zusammen nach Indien. Ein sehr warmes Land in Asien ist das. Dort war es ganz aufregend. Die Menschen sahen anders aus, sie hatten dunklere Haut als wir und es gab wilde Tiere. Elefanten zum Beispiel. Oder giftige Schlangen. Und bevor man dort hinfahren konnte, musste man sich beim Arzt gegen exotische Krankheiten wie Malaria oder Gelbfieber impfen lassen.

An einem sehr warmen Tag in eben diesem Land Indien streiften Ben und Maxi mit Richard durch einen dichten, feuchtheißen Wald – den Dschungel –, an dessen Rand sie vorübergehend in einem Zeltlager wohnten. Und dort im Dschungel passierte etwas, was Bens und Maxis Leben für immer veränderte. Denn als sie an einem kleinen Bach inmitten einer Lichtung Rast machten, hörte Maxi ein klägliches Winseln. Sie stand auf, ging dem Geräusch nach und fand mitten im Gras einen kleinen Tiger. Ein junges Tier noch – nicht größer als ein Hund. Es gab eine große Aufregung. Richard griff sofort nach seinem Gewehr, das er im Dschungel stets bei sich trug, und blickte sich vorsichtig um.

»Kinder, wo ein kleiner Tiger ist, ist auch immer die Mutter in der Nähe«, sagte er. »Und die ist sehr gefährlich, denn sie verteidigt ihr Junges gegen alles, was es bedrohen könnte.«

»Bedrohen? Ich will ihm doch helfen«, empörte sich Maxi.

»Aber Kind«, antwortete ihr Großvater. »Das weiß die Tigermutter doch nicht. Sie denkt, dass wir ihrem Kleinen Böses wollen, weil wir ihr fremd sind. Deshalb bleibt weg von dem Kleinen, bis wir wissen, wo die Mutter ist.«

»Ich weiß es«, hörten die beiden plötzlich Bens Stimme. Er stand etwas abseits und deutete einen Hang hinunter. Und tatsächlich – dort, etwa zwanzig Meter weiter unten, parkte ein großer Lastwagen. Männer standen um ihn herum und redeten. Auf der Ladefläche des Lastwagens befand sich ein Käfig. Und darin hockte eine große Tigerin.

»Kinder«, flüsterte Richard. »Das sind Tierfänger. Sie jagen und fangen wilde Tiere, die sie dann an Zoos in der ganzen Welt verkaufen. Wir sollten uns besser nicht zu erkennen geben. Das sind rauhbeinige Burschen, die nicht gerne gestört werden wollen. Lasst uns verschwinden.«

»Aber Großvater«, sagte Maxi. »Was ist mit dem kleinen Tiger? Wir können ihn doch nicht hier zurücklassen.«

Großvater Richard zögerte. »Mmmmh ... tja ... ich weiß nicht«, murmelte er.

»Komm, wir nehmen ihn einfach mit«, sagte Ben. »Allein und ohne Schutz wird er doch sterben, oder?«

»Tja, wahrscheinlich schon«, sagte Richard.

Und ehe er noch etwas sagen konnte, war Maxi bereits zu dem kleinen Tiger gegangen, hockte sich zwei Meter vor ihm auf den Boden und sagte mit freundlicher Stimme: »Willst du mit uns kommen, du kleiner Räuber?«

Der Tiger hörte sofort auf zu winseln, lief auf Maxi zu und kuschelte sich an ihr Bein. Richard schüttelte nur den Kopf. Aber nun war es entschieden: Der Tiger *musste* einfach mit.

Als sie den Weg zurück in ihr Lager nahmen, wich er nicht mehr von Maxis Seite. Er trottete einfach neben ihr her, so als ob er beschlossen hätte, dass sie nun seine neue Mama sein sollte.

Schließlich erreichten die drei mit dem jungen Raubtier im Schlepptau das Lager. Dort gab es erst einmal eine große Aufregung. Die Inder lieben Tiger nicht besonders, weil sie sehr gefährlich sind, und bestanden darauf, dass das Tier stets angebunden war. Einer der Männer aber hatte keine Angst. Er kannte sich mit Tigern aus und untersuchte den kleinen Findling. Und dabei stellte sich heraus, dass Maxi ein kleines Mädchen adoptiert hatte. Maxi freute sich sehr und sagte: »Ich werde sie Shira nennen.«

Und stellt euch vor: Großvater Richard schaffte es sogar, dass Maxi und Ben Shira mit zu sich nach Hause nehmen durften. Es kostete ungeheuer viel Geld und Richard musste alle möglichen Dokumente unterzeichnen. Aber schließlich – nach einem langen Flug mit einer großen Propellermaschine – kamen Richard, Ben und Maxi mit der kleinen Shira zu Hause an. Großvater ließ im Garten ein großes, eingezäuntes Freigehege mit einem Felsen und einer Höhle bauen, in dem Shira wohnen konnte. Die Höhle hatte sogar eine Heizung, damit die Tigerin im Winter nicht zu frieren brauchte.

Shira wuchs schnell. Schon nach einem Jahr war sie

größer als ein Bernhardiner. Sie war stark, schnell und hatte ein Furcht einflößendes Gebiss. Doch zu Maxi, Ben, Richard und all ihren Freunden war sie immer lieb, obwohl alle möglichen Leute behaupteten, Tiger seien unberechenbare, gefährliche Geschöpfe, die jederzeit zubeißen könnten. Und eigentlich stimmt das ja auch. Aber Shira war anders. Oft hatten Ben und Maxi das Gefühl, dass die Tigerin richtig denken konnte. Wenn sie zusammen mit ihr auf dem Rasen im Freigehege lagen, ihr das Fell kraulten und sich unterhielten, dann blickte Shira ihre beiden Menschenfreunde mit ihren klugen Augen stets so aufmerksam an, als ob sie verstünde, was die beiden sagten.

Und wisst Ihr was? So war es auch. Aber das konnten Ben und Maxi damals noch nicht wissen. Shira war tatsächlich ein ganz besonderes Wesen. Sie war in einer geheimnisvollen Vollmondnacht geboren worden, als Geister und Dämonen im Dschungel umherschwirrten. Und einer dieser Dämomen – sein Name war Werzui – beschloss, einem Tier die Sprache der Menschen zu geben. Erst sollte es sie nur verstehen und später dann auch sprechen können. Werzui tat dies aus einer Laune heraus. Einfach so, weil er die Macht dazu hatte in dieser Nacht. (Ein anderes Mal vor ein paar hunderttausend Jahren hatte er übrigens den Zebras die Streifen auf das Fell gehext.)

In der Nacht von Shiras Geburt also beschloss Werzui, dass dieses Tier würde sprechen können. Und er rief: »Wasru Basru Murmeltatzen. Dieses Tier soll einmal quatschen!« Und dann schoss ein grüner Lichtstrahl aus seinem Zeigefinger direkt in das Gehirn des kleinen Tigerbabys.

Zunächst einmal war Shira tatsächlich nichts anzumerken. Denn genau wie die Menschen, die ja in den ersten beiden Jahren auch nicht sehr viel reden, blieb Shira erst einmal ziemlich stumm. Sie knurrte und schnurrte wie jeder Tiger und wusste noch nicht einmal, dass sie die Sprache der Menschen verstand. Bis, ja bis zu dem Tag, als ihre Mutter gefangen genommen wurde und sie Maxi, Ben und Richard traf.

Denn nun, nach einem Jahr in ihrem wunderschönen Freigehege auf dem Grundstück von Großvater Richard, begann sie zu verstehen. Aus den unerklärlichen Lauten, die aus den Mündern der Menschen kamen, wurden nach und nach Wörter, Sätze und Geschichten, und mit jedem Tag verstand sie mehr davon. Nur selber sprechen konnte sie anfangs noch nicht.

Doch dann, eines Tages, passierte es. Maxi lag wieder

einmal neben ihr auf dem Rasen und kraulte ihr das dicke Fell. Ben spielte mit einem Jo-Jo. Keiner sagte etwas. Bis auf einmal eine tiefe Stimme die Stille durchbrach: »Schön.«

Maxi erstarrte. »Ben«, sagte sie. »Wie redest du denn?«

»Ich war das nicht«, antwortete Ben. »*Du* hast doch eben ›schön‹ gesagt, oder nicht?«

»Aber nein, red keinen Quatsch. Das warst du.«

»Nein, echt nicht, warum sollte …«

Doch weiter kam Ben nicht. Denn Shira hob den Kopf, sah die beiden an, öffnete ihr großes Maul und sagte laut und vernehmlich: »Schön. Das ist schön, wenn du mir das Fell kraulst.«

Maxi sprang auf. Ben fiel beinahe um. »D … da … da … das gibt's doch nicht«, stammelte Ben. »Shira kann sprechen.«

»Ich hab's gehört, aber ich kann's nicht glauben«, sagte Maxi. Sie war ganz blass im Gesicht.

»Shira kann sprechen«, wiederholte Shira mit ihrer tiefen Stimme. »Schöööön sprechen.«

Ben und Maxi standen einfach nur mit offenen Mündern da und starrten Shira an. Schließlich sagte Maxi mit zitternder Stimme: »Kannst du … also kannst du wirklich sprechen, Shira?«

»Ja«, brummte Shira. »Ja, das kann ich. Seit einiger Zeit verstehe ich, was ihr sagt. Und nun kann ich auch selber Worte und Sätze formen. Das freut mich. Jetzt können wir uns noch besser verstehen.«

»Aber wie kommt das? Das ist doch Zauberei?«, fragte Ben.

»Ich weiß es nicht genau«, antwortete Shira. »Aber ich glaube, dass es überall auf der Welt Tiere gibt, die sprechen können. Das spüre ich. Es sind nicht viele. Aber ich bin sicher, dass ich sie erkennen würde.«

Ben und Maxi redeten noch eine ganze Weile mit Shira. Schließlich beschlossen sie, Richard von dem Wunder zu erzählen. Der kam schlecht gelaunt zu Shiras Gehege, weil die Kindern ihn beim Schreiben gestört hatten. Aber als er Shira plötzlich sprechen hörte, fiel er fast um vor lauter Erstaunen. Völlig außer sich sagte er: »Potz-Blitz-Heidewitzka-da-brat-mir-doch-einer-einen-Storch-das-gibt's-doch-nicht-verdammmich-und-zugenäht-also-wirklich-nein-ich-muss-mich-erst-mal-setzen.«

Und dann, als er sich wieder einigermaßen beruhigt hatte, beschloss Richard, dass sie vorläufig niemandem von Shiras unglaublichen Fähigkeiten erzählen durften.

»Die Leute würden uns das Haus einrennen«, sagte er. »Die Zeitungen, Leute vom Radio, vom Fernsehen und Tausende von Neugierigen. Nein, es ist besser, wir schweigen erst mal darüber. Und du, liebe Shira, kannst du vorerst versuchen, nur in unserer Gegenwart zu reden und nie, wenn Fremde dabei sind?«

»Aber ja«, sagte Shira. »Ich verstehe schon. Auch ich möchte, dass wir hier in Ruhe weiterleben können.«

Das Leben ging weiter. Niemand erfuhr, dass Shira sprechen konnte. Sie durfte jetzt überall auf dem Gelände und auch im Haus sein und alle verstanden sich einfach prima.

Eines Mittags kam es jedoch vor dem Haus von Ben und

Maxi zu einem folgenschweren Zwischenfall. Als die beiden Geschwister nach der Schule schon beinahe das Tor zu ihrem Grundstück erreicht hatten, brachen plötzlich sechs große Jungs aus dem Gebüsch hervor. Es waren der starke Kai und seine Totenkopf-Bande. Gemeine Kerle, die andere gern bedrohten und unterdrückten. Kai stellte sich direkt vor Maxi und Ben und sagte: »Ihr beiden denkt wohl, dass ihr was Besonderes seid, oder?«

»Nein«, antwortete Ben. »Wie kommst du darauf? Wir sind nichts Besonderes. Wir wollen auch keinen Ärger. Also lass mich und meine Schwester jetzt bitte in unser Haus.«

»Werd bloß nicht frech!«, schrie Kai und gab Ben einen derben Stoß. Ben fiel hin, versuchte aber sofort wieder aufzustehen. Doch einer der anderen Jungs trat ihn mit dem Fuß in die Seite, so dass er wieder hinfiel. Und dann fing Kai an, auf den wehrlos am Boden liegenden Ben einzuschlagen. Einfach so. Maxi schrie und wollte ihrem Bruder zu Hilfe kommen, aber die anderen Jungs hielten sie fest.

Doch dann passierte es. Etwas sehr Großes flog plötzlich durch die Luft und landete direkt neben dem armen Ben. Es war Shira. Sie riss ihr Maul auf, zeigte ihre riesigen Zähne und schlug Kai mit einem Hieb ihrer Tatze fort von Ben. Sie hatte ihre Krallen dabei eingefahren, so dass Kai nichts passierte, außer, dass er etwa vier Meter durch die Luft flog.

»Shira«, rief Maxi. Sie riss sich von den Jungs los, sprang zu der Tigerin und schlang ihr die Arme um den Hals. Kai und seine Bande standen da wie vom Donner ge-

rührt. Shira blickte sie mit funkelnden Augen an, blieb aber ruhig.
Ben stand auf, klopfte sich den Staub aus der Kleidung und sagte: »Das ist Shira. Und jetzt wisst ihr es. Wer meiner Schwester, mir oder unseren Freunden etwas tut, bekommt es mit ihr zu tun. Also los, verschwindet und lasst euch nie wieder in unserer Nähe blicken.«
Kai und die anderen rannten los, als ob der Teufel persönlich hinter ihnen her wäre. Ben ging zu Shira, streichelte sie und sagte: »Ich danke dir, liebe Freundin. Gut, dass wir dich haben!«
Seit diesem Tag hatten Ben und Maxi keinen Ärger mehr mit Kai und seiner Bande. Die gemeinen Kerle gingen ihnen von jetzt an aus dem Weg.

Shira wuchs und wuchs. Nach einem weiteren Jahr war sie schon so groß, dass Ben und Maxi bequem auf ihr reiten konnten. Richard hatte Shira inzwischen das Lesen beigebracht. So manchen Abend saßen sie gemeinsam auf der Terrasse und diskutierten über Bücher. Shira war eben ein sehr kluges Tier.
Sie versuchte übrigens immer wieder, mit anderen Tieren zu reden. Aber keines verstand sie. Dabei spürte Shira, dass es noch andere wie sie geben musste.
Und eines Tages geschah das Unglaubliche. Shira lag vor dem Hauseingang und döste in der Sonne. Plötzlich sprang sie auf. »Da!«, rief sie. »Unter mir!«
»Was hast du denn?«, fragte Maxi.
Doch Shira antwortete nicht. Stattdessen begann sie wie eine Wahnsinnige zu graben. Sie buddelte sich mit ihren großen Tatzen einfach in die Erde hinein. Immer tiefer. Maxi und Ben standen ein paar Meter entfernt und schauten Shira fassungslos zu.
»Sie muss irgendetwas in der Erde gewittert haben«, sagte Ben. »Was es wohl ist?«
Shira grub und grub. Sie war jetzt nicht einmal mehr zu sehen, so tief hatte sie sich schon ins Erdinnere gegraben. Dann endlich hörte sie auf zu buddeln. Keine Erde flog mehr aus dem Loch. Stattdessen hörten Ben und Maxi Shiras Stimme: »Hier, hier irgendwo muss es sein.«
»Was denn?« fragte Ben, beugte sich mit Maxi über das Loch und sah nach unten. Und da hockte Shira, deutete mit ihrer Tatze nach vorn und sagte: »Hier läuft ein unterirdischer Gang entlang, so breit, dass ich fast reinpasse. Irgendetwas Großes haust hier unter der Erde.

Und ich spüre, dass es genau wie ich die Sprache der Menschen versteht.«

»Mensch, Shira, was soll denn das für ein Wesen sein – ein Riesenmaulwurf, oder was?« Ben konnte nicht glauben, was Shira da sagte.

Aber Maxi rief: »Ben, du hast dich einfach schon so daran gewöhnt, dass Shira sprechen kann, dass du gar nicht mehr merkst, was für ein Wunder das ist. Warum sollte es nicht noch ein Tier geben, das reden kann?«

Ben wollte gerade etwas darauf erwidern, als auf einmal Shira wie ein geölter Blitz aus dem riesigen Loch schoss und sich neben die Kinder kauerte. »Da ist was in dem Gang«, sagte sie. »Etwas, das nicht sein kann.«

»Was soll das heißen?«, fragte Ben. Shira schlich langsam wieder an das Loch heran und sagte: »So große kann es nicht geben.«

»Oh, Mann«, stöhnte Maxi. »Das nervt, Shira. Sag endlich, was du meinst. Wer kann nicht so groß sein?«

»Na, Ameisen«, antwortete Shira und schielte vorsichtig in die Grube hinein.

»AMEISEN?« fragten Ben und Maxi im Chor. »Die sind doch höchstens so groß.« Maxi hielt ihre beiden Zeigefinger in geringem Abstand nebeneinander.

Shira antwortete nicht. Stattdessen starrte sie in die Grube und ihr Fell sträubte sich. Und dann hörten Ben und Maxi eine ganz und gar sonderbare, wirklich höchst ungewöhnliche Stimme. Sie klang schnarrend und hell und wurde immer wieder von zirpenden Geräuschen unterbrochen.

Die Stimme sagte: »Es musste ja so kommen, dass du

mich eines Tages entdeckst, meine kluge Tiger-Schwester. Ich grüße dich. Mach Platz, ich komme zu dir und deinen Freunden hoch.«

Shira sprang beiseite und aus dem Loch in der Erde kroch – Ben und Maxi fielen fast die Augen aus dem Kopf – eine riesige Ameise! Sie war so groß wie ein Mensch, hatte scharfe Zangen und ein Meter lange Fühler an ihrem Kopf.

Shira trat vorsichtig einen Schritt auf sie zu und sagte: »Ich habe gespürt, dass es noch andere sprechende Tiere gibt. Aber mit einer Ameise hätte ich nicht gerechnet.«

»Und ich, liebes Raubtier, hätte ebenso wenig gedacht, dass es ein Tiger ist, mit dem ich mich in der Sprache der Menschen unterhalten kann«, antwortete die Ameise.

Ben und Maxi fanden, dass sie trotz aller Fremdartigkeit irgendwie freundlich aussah.

Und als ob sie ihre Gedanken erraten hätte, drehte die Ameise ihren Kopf zu Ben und Maxi und sagte: »Hallo, ihr beiden. Ich heiße Grak und bin eine der wenigen Riesenameisen, die es noch gibt. Wir leben tief unter der Erde. Niemand weiß von unserer Existenz. Ich selbst habe schon viele Jahre keine andere Ameise mehr gesehen. Aber ich habe Shira sprechen gehört und bin deshalb unter der Erde in eure Nähe gekommen. Und jetzt hat sie mich entdeckt. Und das ist gut so. Denn ich bin einsam und brauche Freunde, mit denen ich reden kann. Ich spreche nämlich von Geburt an alle Sprachen der Welt.«

»Wir reden gern mit dir, Grak«, sagte Maxi.

Die Ameise lachte. Es hörte sich an wie das Gekicher eines Menschen, der sehr heiser ist. »Shira, du hast wirk-

lich Glück, dass du solche Menschen kennst. Sie sind furchtlos und dabei noch furchtbar nett.«
Dann kroch Grak näher an Maxi heran und hob vorsichtig einen ihrer Fühler. Maxi schluckte etwas, aber dann nahm sie ihre Hand und berührte sanft einen von Graks Fühlern. Er fühlte sich sonderbar an. Hart, aber auch etwas pelzig. Maxi hatte keine Angst. Sie spürte, dass Grak nicht gefährlich war. Und schließlich reichten auch Ben und Shira Grak Hand und Tatze.
So lernten Ben und Maxi, die beiden Menschenkinder, und Shira, der verzauberte Tiger, an einem warmen Sommertag die sprechende Riesenameise Grak kennen. Und schon nach kurzer Zeit waren die vier die besten Freunde. Grak kam immer mal wieder auf ein Schwätzchen vorbei und knabberte mit ihren scharfen Kiefern an Süßigkeiten, die Ben und Maxi in großen Eimern für sie bereithielten.
Richard lernte Grak einen Tag später als die anderen kennen. Diesmal sagte er nicht wieder: »Potz-Blitz-Heidewitzka-da-brat-mir-doch-einer-einen-Storch-das-gibt's-doch-nicht-verdammmich-und-zugenäht-also-wirklich-

nein-ich-muss-mich-erst-mal-setzen.« Diesmal sagte er eine Minute gar nichts und plumpste dann mit offenem Mund auf seinen Po. Er konnte es nicht fassen, dass nun auch noch eine Ameise sprechen konnte. Und dazu eine, die größer war als er selbst.
Aber schließlich – er war ja ein interessierter Mensch – siegte seine Neugier und er begann, Grak auszufragen. Und sie erzählte ihm von der geheimnisvollen unterirdischen Welt, die kein Mensch kannte. In der Riesenameisen hausten und Gnome und andere Wesen, die man – so sagte Grak – einfach selber sehen müsse, da sie kaum mit Worten zu beschreiben waren. Richard fragte natürlich sofort, wie man denn ins Innere dieser geheimnisvollen Welt vorstoßen könne.
Aber Grak musste ihn entäuschen. »Ich sagte ja bereits deinen Kindern und Shira, dass ich sehr einsam war. Die Riesenameisen befinden sich seit Urzeiten im Krieg gegen die Raub-Asseln. Das sind platte Insekten, so groß wie eure Autos mit panzerartigen Körpern. Sie sind böse und hassen uns. Bei einem der letzten Kämpfe bin ich von meinen Ameisenleuten getrennt worden. Ich wurde von Raub-Asseln verfolgt. Stundenlang. Ich lief und lief. Und schließlich entkam ich ihnen. So verschlug es mich in eure Gegend. Ich hause seit Monaten hier tief unter der Erde und wusste nicht recht, was ich machen sollte. Ja, und als ich dann etwas weiter nach oben gebuddelt hatte, spürte ich die Gedanken von Shira. Und dann hatte sie mich auch schon in einem meiner Gänge erwischt.«
Richard war fasziniert von dieser Geschichte. Eine un-

bekannte Welt unter der Erde – was für eine Vorstellung! Aber es wurde noch toller. Grak erzählte, dass es überall auf der Welt Tiere gebe, die die Sprache der Menschen verstünden. Der mächtige Dämon Werzui habe ihnen allen, genau wie Shira, die Sprache der Menschen verliehen. Die Tiere hielten dies allerdings geheim, weil sie sonst niemals mehr Ruhe hätten. Aber sie seien auch sehr einsam deswegen.

»Aber woher weißt du das?«, fragte Maxi.

»Von Trak Yal, der weisen Ameisenkönigin. Sie weiß alles über die Welten unter und über der Erde. Sie hat es uns erzählt.«

Shira stand auf und lief hin und her. »Ich kann mir vorstellen, wie allein sich diese Tiere fühlen. Wenn ich ihnen nur helfen könnte.«

»Aber das kannst du«, rief Grak. »Trak Yal hat mir erzählt, wie es geht. Das wissen bloß die anderen Tiere nicht. Wenn wir beide unsere geistigen Kräfte zusammenfassen, können wir gemeinsam unsere Gedanken um die ganze Welt schicken. Es ist wie ein unhörbarer Ruf. Der aber mächtig ist und von allen verzauberten Tieren gehört werden kann.«

»Und was wollt ihr ihnen sagen?«, fragte Ben.

Shira schwieg. Und auch Grak sagte nichts und dachte nach.

»Ich weiß«, rief Richard plötzlich. »Sagt ihnen, dass ihr hier bei Menschen lebt, die euch verstehen. Hier seid ihr in Sicherheit und werdet von niemandem gestört. Sagt ihnen, dass alle sprechenden Tiere, die einsam sind, zu uns kommen können. Sie können hier mit uns leben.«

Richard hatte vor lauter Begeisterung einen roten Kopf bekommen. Er hatte erkannt, dass sich ihm und seinen Enkeln etwas Wunderbares, Einzigartiges offenbart hatte. Shira und Grak sahen sich an. Grak krabbelte zu der Tigerin und beide redeten leise miteinander.
Schließlich sagte Grak: »Richard, wir danken dir, das ist eine gute Idee. Wir wollen gemeinsam versuchen, all den einsamen verzauberten Tieren deine Botschaft zu schicken.«
Dann setzte sich die Riesenameise dicht neben Shira und beide blickten in den Himmel. Einige Minuten vergingen. Weder Grak noch Shira bewegten sich, so konzentriert waren die beiden. Schließlich senkten sie den Blick und schüttelten sich.
»Das war toll«, sagte Shira. »Wir haben unsere Gedanken wie einen unsichtbaren Pfeil hinaus in die Welt geschickt. An alle Tiere. Mal sehen, was jetzt daraus wird.«
Der Tag ging zu Ende. Bis zum Abend geschah nichts. Kein Besucher war vor den Toren des Grundstückes zu sehen. Aber damit hatte ohnehin niemand gerechnet. Im Stillen bezweifelten Ben und Maxi sogar, dass sich überhaupt irgendjemand auf die Gedanken-Nachricht hin melden würde. Sie sollten sich irren.
Denn genau eine Woche danach, früh am Morgen, wurden Ben und Maxi von merkwürdigen Geräuschen wach. Sie hörten ein Trompeten, ein Fauchen, ein Knurren und jede Menge Getrampel.
Richard stürzte in ihr Zimmer. »Kinder, da draußen passiert etwas. Jemand ist gekommen. Los, lasst uns nachsehen!«

Ben und Maxi zogen sich in aller Eile an und rannten mit ihrem Großvater hinaus zum Eingangstor. Schon von weitem sahen sie Shira und Grak aufgeregt vor dem verschlossenen Tor herumrennen. Grak wollte gerade die Mauer hinaufklettern, als sie die Kinder und Richard sah. »Schnell, öffnet das Tor. Sie sind da!«
Richard schloss auf und schob das Tor beiseite. Und dann sahen sie das Unglaubliche: Vor dem Tor stand eine große Gruppe von Tieren. Da waren ein großer Elefant, ein Stinktier, eine Katze, ein Pinguin, eine Beutelratte und ein ganz und gar ungewöhnliches, riesiges vogelähnliches Wesen. Es hatte Schwingen aus Leder, glatte Haut, einen kahlen Kopf und einen zahnbewehrten Schnabel.
Richard starrte ihn an und stammelte: »D … d … das ist ein Flugsaurier – ein Pterodaktylus, der ist seit 150 Millionen Jahren ausgestorben.«
Der Flugsaurier drehte seinen Kopf zu Richard und sagte mit einer sonderbar hellen Stimme: »Ich nicht, mein Lieber, ich nicht.«

Richard verschlug es vollends die Sprache.
Dann erhob Grak die Stimme: »Ihr seid also tatsächlich gekommen. Shira und ich freuen uns. Kommt schnell alle herein.«
Und dann trottete die ganze bizarre Schar an Richard, Ben und Maxi vorbei – durch das Tor hinein in Richards Garten. Die Tiere setzten sich einfach zu Shira und Grak auf den Rasen vor der Eingangstür und redeten, quasselten, erzählten, lachten, grölten und kicherten, was das Zeug hielt. Ben, Maxi und Richard gingen langsam hinterher. Als sie bei den Tieren ankamen, drehten sich alle zu ihnen um.

Der Elefant erhob sich und brummte: »Lieber Richard. Wir danken dir und den Kindern für die Einladung. Und jetzt wollen wir uns der Reihe nach vorstellen. Ich heiße Rüssel, komme aus Afrika und habe bisher in einem Zoo gelebt. Ich bin dort abgehauen, als ich die Gedanken-Botschaft von Grak und Shira bekam.«

»Ich heiße Stinki«, quietschte das Stinktier und drängelte sich nach vorn. »Und meine gefährlichste Waffe ist der Pups.«

Die anderen lachten. Nun sprang die Katze hervor und schnurrte: »Gestatten, ich heiße Susanne von der Sause, Prinzessin von Katzenburg und Katerhausen. Aber ihr könnt Susi zu mir sagen.«

Nun hopste die Beutelratte heran und sagte mit piepsiger Stimme: »Ich bin Büddel, stamme aus Australien und habe allerhand nützliche Dinge in meinem Beutel. Aber es würde zu lange dauern, euch alles zu beschreiben. Ihr werdet dann schon sehen.«

»Ich bin Ping«, sagte der Pinguin. »Und ich bin ein toller Schwimmer. Und bin auch aus'm Zoo abgehauen.«
Jetzt fehlte nur noch der geheimnisvolle Flugsaurier. Er stellte sich, als Ben, Maxi und Richard ihn ansahen, auf die mächtigen Krallenbeine und sagte: »Meinen Namen kenne ich nicht. Ich bin in der Urzeit dieses Planeten über die Wälder geflogen. Eines Tages landete ich aus Neugier in einem seltsam geformten Vulkankrater. Plötzlich umfing mich ein seltsames grünes Licht und ich wurde ohnmächtig. Und als ich wieder erwachte, war ich hier in eurem Land in eurer Zeit. Es war wohl eine Art Tor durch die Zeit, in das ich da geflogen bin. Ich hatte Angst, versteckte mich in einem unzugänglichen Gebirge und flog nur nachts herum. Eines Nachts kam ein sonderbares Wesen zu mir, lachte mich an und schickte einen grünen Blitz in meinen Kopf. Und seitdem verstehe ich seltsamerweise die Sprache der Menschen. Und dann hörte ich Shiras und Graks Nachricht und flog hierher.«
»Dieses Wesen, das war bestimmt der Dämon Werzui«, sagte Ben. »Aber sag mal, du bist doch ein Pterodaktylus, oder?«

Der Saurier zuckte nur mit den Schultern. »Wenn du es sagst … Ich weiß es nicht.«
»Das stimmt«, sagte Richard. »Ich kenne mich ziemlich gut mit Sauriern aus.«
»Dann nennen wir dich einfach Ptero. Das ist die Abkürzung von Pterodaktylus und klingt doch nett.«
»Das gefällt mir«, sagte der Saurier und ab jetzt trug er den Namen Ptero.
Die sprechenden Tiere blieben von diesem Tag an bei Ben, Maxi und Richard. Begeistert von all diesen phantastischen Ereignissen, begann Richard das Haus und das gesamte Grundstück umzubauen. Rüssel bekam einen großen Stall, in den auch Susi einzog, weil sie nicht allein schlafen wollte. Büddel bekam einen gemütlichen Korb mit einem Fell, der von nun an im Hausflur stand. Shira blieb in ihrem Freigehege, wohin auch Grak zog. Sie buddelte sich einfach ein Nest in die Erde. Ping bekam ein kleines Schwimmbecken und einen Kühlschrank ohne Tür, in den er sich setzen konnte, wenn es ihm draußen zu heiß wurde, Stinki bezog einen etwas abseits gelegenen alten Hühnerstall. Er hatte versprochen, seine gefährlichste Waffe, den Pups, nur zur Verteidigung von Leib und Leben seiner selbst und seiner Freunde einzusetzen. Und dieses Versprechen hielt er auch ein, so dass er schnell zu einem überall gern gesehenen Gast wurde. Ja, und für Ptero ließ Richard etwas ganz Besonderes bauen – nämlich ein gigantisches Nest aus dicken Ästen mitten auf dem Hausdach. Dort wohnte der Flugsaurier, wenn er nicht gerade seine regelmäßigen Flüge zur Überwachung des Grundstücks durch-

führte. Er zog dann in großer Höhe weite Kreise und war mit bloßem Auge kaum noch zu erkennen.
Ptero war es dann auch, der seine Freunde rechtzeitig vor dem Angriff der Raub-Asseln warnte. Die großen Insekten waren nämlich Graks Spur gefolgt. Und eines Abends standen sie in einer langen Reihe vor der Tür, mindestens zwanzig Stück.
Und gerade, als sie über die Mauer klettern wollten, ertönte Pteros heller, lauter Warnruf: »Achtung, kommt alle nach draußen. Feinde vor den Toren!«
Ben, Max, Richard und alle Tiere stürmten herbei. In diesem Augenblick kletterten die ersten Raub-Asseln über die Mauer. Sie sahen zum Fürchten aus. Wie Panzer mit Beinen. Als die Asseln Grak sahen, stürzten sie sich sofort auf die Riesenameise. Die warf sich der ersten Assel entgegen und ein wilder Kampf begann. Aber be-

vor noch weitere Asseln sich auf Grak stürzen konnten, griffen die sprechenden Tiere an. Rüssel preschte laut trompetend vor und warf sich mit seinem ganzen Gewicht auf eine der Asseln. Susi, die Katze, sprang eine weitere von hinten an und kratzte und biss, wo sie konnte. Ping warf mit Eiswürfeln. Shira biss einer Assel einen Fühler ab. Büddel holte Steine aus seinem Beutel und warf diese mit erstaunlicher Präzision und Härte mitten in die Asselaugen. Und jetzt endlich konnte auch Stinki seine gefährlichste Waffe einsetzen. Er warf sich einer Assel entgegen und gerade, als die ihr Maul aufsperren wollten, um ihn zu fressen, pupste er los. Die Assel fiel um wie vom Blitz getroffen.

Aber es waren immer noch viele Raub-Asseln übrig. Alle Tiere kämpften. Ben und Maxi standen hinter Richard, der mit seinem Jagdgewehr auf die Angreifer schoss. Aber erst Ptero schaffte den endgültigen Sieg. Er raste wie ein gigantischer Adler vom Himmel herab. Sein Schnabel war geschlossen und sah aus wie ein riesiges Schwert. Kurz bevor er den Boden erreichte, öffnete er die Flügel und donnerte wie ein Düsenflugzeug mitten in die Asseln hinein. Die flogen auseinander wie Kegel und blieben regungslos liegen. Jetzt gaben auch die anderen auf und flohen Hals über Kopf über die Mauer, sofern sie es noch konnten. Die anderen wurden gefangen und eingesperrt. Sie kamen später in den städtischen Zoo. Der Zoodirektor freute sich sehr und versprach, dass Rüssel und die anderen Tiere, die aus dem Zoo geflohen waren, dorthin nun nicht zurückzukehren brauchten. Er wollte dafür die Asseln behalten. Die gewaltigen Raubinsekten waren nämlich eine Sensation, die jeder – gegen hohe Eintrittspreise – sehen wollte.

Und so hatten die sprechenden Tiere nicht nur ihren ersten gemeinsamen Kampf gewonnen, nein, sie konnten von nun an auch ungestört zusammen mit ihren Menschenfreunden leben. Von ihrem neuen Zuhause aus sollten sie noch viele, viele Abenteuer zusammen bestehen. Aber das sind andere Geschichten. Und da ihr nun alle Tiere und ihre Menschenfreunde kennt, könnt ihr euch diese Geschichten vielleicht sogar selber ausdenken.

Das Nilpferd Lalleby

Vor Ihnen liegt eine niedliche kleine Geschichte von zwei Kindern, die ein Nilpferd vor dem Schlachthaus retten. Und außerdem erfahren wir, warum es manchmal nötig sein kann, ein wenig zu lügen. Ja, das gibt es, liebe Eltern. Erzählen Sie mir bloß nicht, dass Sie noch nie gelogen haben. Da haben sich gelegentlich mal die Balken gebogen, geben Sie's ruhig zu. Die Kinder brauchen es ja nicht zu erfahren. Und jetzt zu Lalleby ...

Jedes Jahr im Sommer kam der Zirkus in die kleine Stadt. Hannes und seine Freundin Kira waren dann immer sehr aufgeregt. Die beiden standen schon auf dem Festplatz, wenn die Zirkuswagen gerade erst angekommen waren.
»Ich will doch sehen, wie sie das große Zelt aufbauen«, sagte Hannes dann immer zu seiner Mutter, wenn sie fragte, warum er denn jetzt schon dahin ginge.
In diesem Jahr war der Sommer besonders heiß. Die Luft flimmerte vor Hitze und Hannes und Kira saßen mittags im Schatten auf einer Bank und sahen zu, wie die Zirkusleute die großen Stangen und Zeltplanen ausluden.
»Oh, guck mal«, sagte Kira auf einmal. »Da vorn im Kä-

fig, das große Tier. Das war im letzten Jahr noch nicht dabei.«
Hannes und Kira kannten alle Tiere des Zirkus. Die Pferde, die Ziegen, den Bären, den kleinen Panter, das Kamel und die zwei Affen, die immer eine Mütze auf dem Kopf hatten. Aber das große, graue Wesen: Das hatten sie tatsächlich noch nicht gesehen. Das Ding hatte ein riesiges Maul mit großen, runden Zähnen, war ziemlich dick und stand auf kurzen, plumpen Beinen.
»Hübsch ist es nicht gerade«, sagte Kira. »Aber irgendwie sieht es lustig aus. Was es wohl für ein Tier ist?«
»Das ist ein Nilpferd«, sagte plötzlich eine Stimme hinter ihnen.

Hannes und Kira erschraken und drehten sich schnell um. Da stand ein braun gebrannter Junge mit einem Eimer Wasser in der Hand. Er gehörte zum Zirkus, denn auf seiner Jacke prangte in großen, bunten Buchstaben der Schriftzug »Zirkus Salimba«.

»Hallo, ich bin Jan. Sagt bloß, ihr wisst nicht, wie ein Nilpferd aussieht«, lachte der Junge.

»Äh, nein«, sagte Kira. »Eigentlich nicht.«

Jan stellte den Eimer hin, setzte sich neben Hannes und Kira auf die Bank und fing an zu erzählen. »Also, es kommt aus Afrika und es heißt Lalleby. Ein toller Name, nicht? Aber sonst geht's Lalleby nicht besonders gut. Sie hat nämlich immer Schnupfen und kann nicht wie ein Nilpferd grunzen. Dauernd sagt sie ›Oink‹, wie ein Hausschwein. Aber das Schlimmste ist: Lalleby hat immer noch nicht ihre Zirkusnummer gelernt. Und der Direktor hat gesagt, wenn sie es in diesem Monat nicht schafft, geben wir sie ins Tierheim und fahren ohne sie weiter.«

»Das ist ja schrecklich«, sagte Hannes. »Was soll sie denn lernen?«

»Oh«, sagte Jan. »Sie soll zusammen mit den Pferden und dem Panter Panja auf den Hinterbeinen stehen und zur Musik tanzen. Aber sie will einfach nicht. Und so lassen wir sie einfach nur mit einer großen Schleife um den dicken Hals durch die Manege laufen. Darüber lachen die Leute, aber ich glaube, Lalleby findet das nicht besonders nett. Sie sieht dann immer ein bisschen traurig aus.«

Jan führte sie zu dem Käfig und nun konnten sich Kira und Hannes das Nilpferd Lalleby ganz aus der Nähe ansehen. Es war ziemlich groß. Etwa so groß wie ein umgefallener Kleiderschrank. Und es sah wirklich nicht besonders fröhlich aus. Lalleby schaute sie an und machte leise: »Oink!«

Hannes sagte: »Ich finde es doof, dass Lalleby etwas tun muss, was ihr nicht gefällt.«
Und dann wandte er sich an Lalleby: »Sei nicht traurig. Wir besuchen dich wieder, wenn wir dürfen.«
»Natürlich dürft ihr. Ich freue mich, wenn Lalleby etwas Abwechslung hat«, sagte Jan sofort.
Und von diesem Tag an kamen Hannes und Kira jeden Tag zum Zirkus und besuchten Lalleby. Die freute sich immer sehr. Am vierten Tag sagte Lalleby schon freundlich: »Oink, oink«, wenn sie nur Kiras oder Hannes' Stimme von weitem hörte. Die beiden durften sie sogar streicheln und mit Stroh füttern.

Nach einer Woche gingen Kira und Hannes dann mit ihren Eltern in den Zirkus. Sie hatten viel Spaß. Bis Lalleby kam. Sie lief traurig hin und her, mit ihrer großen Schleife um den dicken Hals, und die Leute lachten sie aus. Kira und Hannes war der ganze Abend verdorben. Nicht mal mehr über die Clowns konnten sie lachen, so leid tat ihnen das arme Nilpferd.
Auf dem Nachhauseweg erzählte Kira ihrer Mutter die traurige Geschichte von Lalleby.

»Aber so ein Unsinn!«, rief da die Mutter. »Lalleby kann ja überhaupt nicht auf den Hinterbeinen tanzen, weil sie viel zu kurze Beine hat. Wie können die Leute vom Zirkus nur so dumm sein!«
Am nächsten Tag erzählten Kira und Hannes ihrem Freund Jan, was die Mutter gesagt hatte. Aber Jan hörte kaum zu.
»Ist sowieso egal«, sagte er. »Ich verrate euch jetzt etwas: Morgen reisen wir in aller Frühe ab. Und der Direktor hat beschlossen, dass Lalleby einfach zurückgelassen wird. Irgendwer wird sich schon um sie kümmern.«
Kira und Hannes waren entsetzt. Beide konnten in der Nacht kaum schlafen, weil sie dauernd an die arme Lalleby denken mussten.
Am nächsten Morgen rannten sie schnell zur Festwiese. Schon von weitem sahen sie eine Menge Menschen, einen Feuerwehrwagen und ein Polizeiauto. Der Zirkus war verschwunden und mitten auf dem Platz stand Lalleby – mutterseelenallein und an einen Stein gebunden.

Hannes rannte sofort zu ihr hin, schlang seine Arme um ihren dicken Hals und rief: »Arme Lalleby!«
»Oink!«, grunzte Lalleby laut.
»Du kennst das Tier?«, fragte ein Polizist.
»Ja«, sagte Hannes. »Das ist Lalleby.«
»Na, dann kannst du uns ja helfen, sie hier wegzubringen. Der Bürgermeister hat beschlossen, dass sie zum Schlachthof gebracht wird.«
Hannes konnte es kaum fassen. »Waaas wollt ihr?«, fragte er ungläubig.
Da hörte er Kira plötzlich mit fester Stimme sagen: »Das ist ein Irrtum, Herr Wachtmeister. Wir haben mit dem Zirkus abgemacht, dass wir uns bis zum nächsten Sommer um Lalleby kümmern, nicht wahr, Hannes?« Dabei knuffte sie Hannes in die Seite und der sagte schnell: »Äh, ja, genau, wir kümmern uns um sie.«
Der Polizist blickte zweifelnd erst Hannes und Kira an und dann Lalleby.
»Ach, und wo soll das Tier hin?«, fragte er dann.
Kira schwieg, aber nun hatte Hannes plötzlich eine Idee. »Na, wir bringen sie im Stall von Bauer Piepenbrink unter«, sagte er.

Und dann löste er schnell das Seil und zog Lalleby zu sich heran. »Oink«, sagte sie.
Der Polizist überlegte lange und ging dann zu seinen Kollegen von der Feuerwehr, um die Sache zu besprechen. Schließlich kam er zurück und sagte: »Gut, ihr könnt das Nilpferd erst einmal zu Bauer Piepenbrink mitnehmen. Morgen kommen wir dort vorbei und werden eine endgültige Entscheidung treffen.«
Kira und Hannes freuten sich sehr und zogen Lalleby schnell mit sich fort. Der Polizist und die ganzen Leute blickten ihnen kopfschüttelnd nach.
Als sie endlich allein waren, sagte Kira: »Okay, wir haben gelogen, aber das war die einzige Möglichkeit, Lalleby zu retten.«
»Ja«, sagte Hannes. »Aber was wird Bauer Piepenbrink sagen? Ich hab mir das doch auch nur ausgedacht, damit wir Lalleby mitnehmen können. Am besten, wir erzählen dem Bauern die Wahrheit. Der mag doch Tiere gern.«
Nach kurzer Zeit erreichten sie den Bauernhof. Herr Piepenbrink stand gerade mit einer Mistforke in der Hand vor dem Tor. Als er die beiden sah, rief er: »Na, da brat mir doch einer einen Storch.« Er sagte immer so komische Sachen, wenn er überrascht war. Kira, Hannes und Lalleby standen schließlich schweigend vor ihm.
Der Bauer lachte und sagte dann: »Na, da tritt mich doch ein Elch. Wenn das kein Nilpferd ist.«
»Ganz genau, Herr Piepenbrink«, antwortete Hannes. »Ein Nilpferd, das morgen geschlachtet werden soll.«
»Was?«, empörte sich Piepenbrink. »Wer sollte so etwas Gemeines tun?«

Und dann erzählten ihm Hannes und Kira die ganze Geschichte.
Als sie fertig waren, sagte Bauer Piepenbrink lange gar nichts. Ab und zu sah er kurz zu Lalleby hinüber und schüttelte immer wieder mit dem Kopf. Und endlich – Kira und Hannes waren schon ganz nervös – sagte er: »Na, da werd ich mal nich' so sein. Eine Nacht kann das arme Tier hier im Stall bleiben. Hinten ist noch Platz in einer alten Pferdebox. Aber länger kann sie nicht bleiben. Das müsst ihr verstehen.«

Kira und Hannes waren zwar etwas enttäuscht, aber wenigstens hatten sie erst einmal einen Platz für Lalleby. Sie brachten sie in den Stall, streichelten ihren dicken Rücken und gaben ihr Stroh zu fressen. Dann beschlossen sie, erst einmal nach Hause zu gehen, um ihren Eltern von Lalleby zu erzählen. Lalleby blickte ihnen traurig nach.

Der Bauernhof lag nun ganz still und verlassen da in der Mittagshitze. Bauer Piepenbrink und seine Frau waren in die Stadt gefahren. Aber da kam Marie, die kleine Tocher des Bauern, aus der Haustür und rannte den Weg entlang zum Ufer des nahegelegenen Teichs. Ihr Großvater, der schon sehr alt war und auf der Terrasse in seinem Rollstuhl saß, schaute ihr zu, wie sie dort spielte. Dabei musste er eingenickt sein, denn plötzlich hörte er Marie schreien: »Hilfe, Opa, Hilfe!«
Und zu seinem Schrecken sah der Großvater, dass seine kleine Enkelin beim Spielen vom Ufer abgerutscht und in den Teich gefallen war. Hilflos zappelte sie im Wasser herum, denn sie konnte nicht schwimmen. Der Großvater war verzweifelt. Er war alt und gebrechlich und konnte selber nicht ins Wasser, um Marie zu helfen. Was für ein Unglück! Würde Marie vor seinen Augen ertrinken? In seiner Not rief jetzt auch der Großvater mit lauter Stimme um Hilfe. Aber niemand hörte ihn. Wirklich niemand? Denn plötzlich hörte der Großvater ein lautes »Oink, oink, oink« hinter sich. Und als er sich umdrehte, erstarrte er vor Schreck.
Denn hinter ihm kam Lalleby angelaufen. Sie stampfte an ihm vorbei und sprang mit lautem Platschen mitten in den See. Blitzschnell verschwand sie unter der Wasseroberfläche und tauchte prustend wieder auf. Und oben auf ihrem Rücken lag pitschnass und mit verdutztem Gesicht die kleine Marie! Vorsichtig schwamm Lalleby zum Ufer und kletterte an einer flachen Stelle wieder an Land. Marie konnte es kaum fassen. Sie war gerade von einem Nilpferd gerettet worden! Lachend saß

sie auf Lallebys Rücken und rief: »Danke, du liebes Nilpferd, danke!«
Und dem Großvater in seinem Rollstuhl fiel ein Stein vom Herzen. Er schüttelte den Kopf und sagte: »Wie kann ein so großes, schweres Ding sich im Wasser plötzlich so schnell bewegen?«
Kurz darauf kamen Bauer Piepenbrink und seine Frau zurück. Erstaunt sahen sie Marie auf dem Rücken von Lalleby sitzen. Da erzählte ihnen der Großvater, was passiert war. Die beiden bekamen noch nachträglich einen

Riesenschreck und nahmen die kleine Marie fest in den Arm. Ihre Mutter rieb sie mit einem Handtuch ab. Dann ging Bauer Piepenbrink zu Lalleby, die ganz ruhig und zufrieden dastand und langsam in der Sonne trocknete.
»Na, da streift mich doch ein Bus«, sagte er. »Lalleby, du hast meiner kleinen Tochter das Leben gerettet. Das werde ich dir nie vergessen. Du darfst hier bei uns bleiben, solange du willst.«
»Oink«, sagte Lalleby.
Kurz darauf kamen auch Hannes und Kira wieder. Sie wunderten sich, dass Lalleby draußen stand und alle so aufgeregt waren. Bauer Piepenbrink erzählte ihnen, was geschehen war. Die beiden freuten sich ganz doll.
»Dann darf Lalleby also hierbleiben?«, fragten sie.
Und Bauer Piepenbrink rief: »Na, das ist so klar wie Kloßbrühe. Das dicke Mädchen kann hierbleiben.«
Und so fand Lalleby ein neues Zuhause.

Augen-Paul

Dies ist die wirklich herzergreifende Geschichte von einem einsamen kleinen Hund, der neue, rauhbeinige Kumpels findet. Also: Taschentücher bereithalten!

Augen-Paul war wirklich eine arme Sau. Also eigentlich war er keine Sau, sondern ein Hund. Aber wenn jemand richtig Pech hat, sagt man eben, er sei eine arme Sau oder ein armes Schwein. Ich weiß auch nicht, warum. Also, jetzt wollt ihr sicher wissen, warum Augen-Paul so arm dran war, und wahrscheinlich wollt ihr ebenfalls wissen, warum er so einen seltsamen Namen hat. Nun, das weiß ich nicht und ich weiß auch nicht, wie diese Geschichte weitergeht. Nein, kleiner Scherz. Natürlich weiß ich das. Also: Augen-Paul war ein kleiner Hund. Ein Yorkshireterrier. Er hatte fünf hübsche Geschwister. Nun waren aber die sechs kleinen Hunde schon bald nach ihrer Geburt von ihrem geldgierigen Besitzer an ein Warenhaus verkauft worden. Dort, in der Tierabteilung, lagen sie nun zusammengekuschelt hinter einer Glasscheibe in einem Käfig und warteten, bis ein Mensch – nachdem er für sie bezahlt hatte – sie mit zu seiner Familie nach Hause nehmen würde. Augen-Paul konnte sich an seine

Mama kaum noch erinnern. Die anderen auch nicht. Sie wussten nur noch, dass sie gut roch. Aber sie hatten ja noch einander und das tröstete sie.
Augen-Pauls Geschwister mussten allerdings nicht lange auf neue Familien warten. Sie waren süße, junge Terrierwelpen und fanden schnell begeisterte Käufer. Augen-Paul nicht. Denn er hatte schon seit langer Zeit ein krankes Auge. Es war entzündet und halb geschlossen. Und das sah gar nicht gut aus. Das sah sogar richtig schlecht aus. Niemand kauft einen Hund mit einem kranken Auge. Michael, der Verkäufer in der Tierabteilung, schüttelte nur mitleidig den Kopf. Er war es auch, der dem kleinen, einsamen Hund aus einer Laune heraus den Namen Augen-Paul gegeben hatte.

»Den werden wir nie los«, sagte Michael immer. Ja, und so kam es, dass Augen-Paul allein hinter der Glasscheibe hockte und wartete. Er fühlte sich ziemlich einsam – zum Glück jedoch war er nicht total allein. Denn er hatte sich mit ein paar anderen Tieren aus der Zooabteilung angefreundet. Mit Mia, dem Meerschweinchen aus dem Nachbarkäfig, und mit Orson, einem Wels, der gegenüber in einem Aquarium lebte und den ganzen Tag Algen von der Scheibe wegraspelte. So manche Nacht unterhielten sich die Freunde in der Tiersprache – das

heißt, sie tauschten ihre Gedanken aus. Sie fanden es sehr bedauerlich, dass sie dabei nicht gemütlich zusammensitzen konnten. Aber das wäre ja mit Orson, dem Fisch, sowieso etwas schwierig geworden.
Eines Tages standen mal wieder ein paar Leute in der Tierabteilung und schauten, was so im Angebot war. Jeder, der Augen-Paul genauer ansah, schüttelte den Kopf und murmelte etwas wie »armer Hund«, »Das sieht ja furchtbar aus« oder »Wenn der ein gesundes Auge hätte, würd ich den nehmen«. Aber Augen-Paul hatte eben kein gesundes Auge. Er sah einfach krank aus, und das mag nun mal keiner.
Es war also ein ganz normaler Tag für Augen-Paul und die anderen Tiere. Aber der Tag sollte nicht normal bleiben. Denn gegen Mittag kam eine neue Lieferung mit Tieren. Unter anderem wurden Fische in einem Plastikbehälter geliefert. Sehr spezielle Fische. Graubraun, ziemlich hässlich und mit sehr spitzen Zähnen. Es waren so genannte Piranhas. Das sind Fleisch fressende Fische, die in den Flüssen Südamerikas in großen Schwärmen leben. Piranhas haben immer Hunger und schnappen gie-

rig nach allem, was in ihre Nähe kommt. Michael, der Tierverkäufer, hatte wenig Erfahrung mit diesen gefährlichen Viechern. Und so goss er sie kurzerhand in eines der bereitstehenden Aquarien gleich neben dem von Orson, dem Wels. Der sah die Piranhas, erschrak und versteckte sich sofort unter einem Stein, obwohl er ja durch dicke Glasscheiben von den Fleischfressern getrennt war. Die Kunden des Kaufhauses fanden die Piranhas natürlich sehr interessant – besonders die Kinder. Die Tierabteilung war so voll wie selten. Fische, die sogar große Tiere anfallen … das war aufregend und unheimlich. Und so was mögen die Leute eben.

Michael war stolz und tat so, als ob er jede Menge von den Fleisch fressenden Fischen verstand. Und nun wollte er seinen Kunden demonstrieren, wie die Piranhas fressen. Aber dafür brauchte er ein Stück Fleisch. Normales Fischfutter reichte nicht. Deshalb öffnete er die

Tür von Augen-Pauls Käfig. Er hatte nämlich gesehen, dass der kleine Hund von seinem Mittagessen ein Stück Schweinefleisch übrig gelassen hatte. Michael öffnete also die Tür, nahm das Fleisch und ging damit zum Piranha-Becken. Er war sehr aufgeregt. Seine erste Raubtierfütterung! Er war so aufgeregt, dass er sogar vergaß, Augen-Pauls Tür wieder zuzuschließen. Und auch sonst bemerkte es niemand, weil alle sehr gespannt auf die Fütterung der Raubfische waren. Michael stand nun vor ihrem Becken, hob feierlich die Hand und ließ das Stück Fleisch langsam in das Becken hineingleiten. Dabei machte er allerdings einen entscheidenden Fehler. Er ließ das Fleisch nicht gleich los, sondern hielt es noch eine Zeit lang über dem Becken. Die Fische schossen herbei, mindestens sechs oder sieben, und schlugen ihre spitzen Zähne sofort in das Fleischstück. Und wisst ihr, was die anderen machten, die keinen Platz mehr zum Beißen hatten? Die schnappten sich einfach das nächstbeste Stück Fleisch. Und das war Michaels Finger, der das Schweinefleisch hielt. Zack – da hatte der erste schon Michaels Zeigefinger im Maul. Und noch mal zack – da hatte der Nächste sich in seinem Daumen verbissen. Michael schrie auf, riss seine Hand aus dem Becken und rannte entsetzt hin und her. Und an seiner Hand hingen die zwei Piranhas – jeder an einem Finger – und ließen nicht los. Es sah aus, als ob Michael mit Kasperlepuppen spielte. »Hilfe!«, schrie Michael. »Sie fressen mich!«
Es gab eine große Aufregung in der Tierabteilung. Alle rannten durcheinander. Kinder lachten, Eltern schrien und Michael tanzte mit rudernden Armen umher und

versuchte, die Piranhas loszuwerden. Die aber ließen sich nicht so schnell abschütteln. Erst als die Fische keine Luft mehr bekamen, weil sie ja nur unter Wasser atmen können, fielen sie mit einem Platsch zu Boden und blieben dort liegen.

Michael hatte Glück gehabt. Die Finger waren noch dran, aber man konnte deutlich die Gebissabdrücke der Piranhas erkennen. Sofort wurde er zu einem Arzt gebracht. Die Piranhas wurden vorsichtig mit einem Netz eingefangen und zurück ins Becken geworfen.

Die Kunden verschwanden nach und nach. Die Tierabteilung war nun unbeaufsichtigt. Augen-Paul hatte sich das Ganze von seinem Käfig aus angesehen. Plötzlich hörte er die Gedankenstimme von Mia, dem Meerschweinchen.

»Paul«, sagte es. »Deine Tür ist offen. Nutze die Chance und flieh. Sonst kommst du nie aus diesem Kaufhaus

weg. Mich und Orson kauft schon jemand. Aber du mit deinem Auge? Sieh zu, dass du schnell wegkommst, und versteck dich irgendwo, bis es Nacht ist. Dann kannst du abhauen.«

Augen-Paul zögerte nicht. Mia hatte ja recht. Er konnte jetzt fliehen. Er grüßte seine beiden Freunde noch einmal in Gedanken, stieß die Tür auf und sprang hinaus. Niemand sah ihn. Nur einer der Piranhas blickte ihn aus dem Aquarium an und dachte: »Lecker, Hundefleisch!«

Augen-Paul streckte ihm die Zunge raus und rannte los – hinaus aus der Tierabteilung. Aber er sah sofort, dass sich noch jede Menge Leute in dem Kaufhaus aufhielten. Noch hatte ihn niemand gesehen. Und so versteckte er sich schnell unter einem großen Haufen Teppiche und wartete.

Er wartete viele Stunden. So lange, bis sich das Kaufhaus nach und nach leerte und schließlich geschlossen wurde. Dann erst wagte sich Augen-Paul aus seinem Versteck heraus und blickte sich vorsichtig um. Es war mittlerweile fast dunkel geworden. Undeutlich konnte er all die Waren in den vielen Regalen erkennen. Er verließ nun endgültig sein Versteck und machte sich auf die Suche nach einem Weg hinaus aus dem Gebäude. Doch wo er auch zwischen Schaufensterpuppen, Bügeleisen, Fernsehern, Hosen, Jacken und Schuhen suchte, nirgends fand er offene Türen oder Fenster. Schließlich blieb ihm nur noch der Weg in den Keller. Vielleicht gab es dort ja eine Möglichkeit, nach draußen zu kommen. Augen-Paul stieg vorsichtig eine Treppe hinab. Vor ihm nur Dunkelheit und Stille. Doch – Moment – was war das? Ein kurzes Rascheln, ein Zischeln! Das Trippeln von kleinen Füßen. Irgendetwas war dort unten. Augen-Paul bekam es mit der Angst zu tun und blieb wie erstarrt stehen. Das Trippeln kam näher. Undeutlich konnte er nun kleine, flinke Schatten erkennen, die die Treppe heraufhuschten. Und dann hörte er eine Stimme: »Was machst du denn hier?«, fragte jemand.

Und ein anderer ergänzte: »Du bist doch ein Hund. Was hast du hier zu suchen?«

Augen-Paul antwortete nicht. Sein Herz schlug ihm bis zum Hals. Er zitterte und fing an, ein bisschen zu winseln.

»Du meine Güte«, sagte die erste Stimme. »Gefährlich ist der nicht. Der heult ja.«
Dann kamen die Schatten noch näher. Und jetzt sah Paul, wer da mit ihm sprach. Es waren Ratten. Große schwarze Ratten mit langen Schwänzen und Knopfaugen. Sie umringten ihn und starrten ihn an.
Dann sagte die größte Ratte: »Nun flenn mal hier nicht rum. Tut dir doch keiner was, Mann.«
Augen-Paul war ein bisschen erleichtert. Die Ratten wollten ihm also offensichtlich nichts tun. Er fasste sich ein Herz und sagte: »Ich bin aus der Zooabteilung abgehauen. Ich will so gern hier raus.«
Die Ratten schauten sich überrascht an. »Sauber«, sagte eine. »Abgehauen. Das ist ja mal ein Ding. Bravo.«
Und eine andere ergänzte: »Für Flüchtlinge haben wir was übrig. Komm mit in den Keller. Da können wir in Ruhe reden.«
Und dann drehten sich alle Ratten um und huschten nach unten. Augen-Paul rannte hinterher. Was sollte er auch sonst tun? Unten in einem großen Raum voll mit Mülleimern hockten mindestens fünfzig Ratten in einem Kreis.
»Setz dich in die Mitte«, sagte die größte. »Erzähl mal, wie du heißt und was dir passiert ist. Dann werden wir weitersehen.«
Augen-Paul fing an zu erzählen. Die Ratten hörten aufmerksam zu. Als er fertig war, klopften sie ihm mitleidig auf die Schulter und sagten: »Mann, echt Mist, was dir passiert ist. Und dann noch so ein blödes Auge. Weißt du was? Wir helfen dir hier raus.«

»Wirklich?« fragte Augen-Paul. Er konnte es kaum fassen.
Und wirklich. Die Ratten brachten Paul in einen Raum, in dem ein gewaltiger Heizkessel stand. In der Wand sah Paul ein großes Gitter. Und dahinter konnte er Licht erkennen.
»Das ist ein Lüftungsrohr. Es sorgt dafür, dass es hier unten nicht zu heiß wird«, sagte eine der Ratten. »Das Gitter ist locker. Wir nehmen es einfach ab und dann kannst du hinauskriechen. Das Licht kommt von einer Straßenlaterne. Los komm.«
Die Ratte sprang hoch, packte das Gitter mit einer Pfote und es fiel scheppernd auf den Boden.
Augen-Paul konnte nun das Rohr erkennen. Es war eng und dunkel, aber dahinter leuchtete das Licht der Freiheit! Voller Freude bedankte er sich bei den Ratten, sprang hoch, zwängte sich in das Rohr hinein und kroch mühsam hindurch nach draußen.
Als er schließlich auf die Straße plumpste, rappelte er sich schnell auf und blickte sich ängstlich um. Hatte ihn jemand gesehen? Aber im Licht der Laterne sah er nur eine leere, regennasse Straße.
Langsam trottete Augen-Paul los. Wo sollte er nun hin? Meter um Meter legte er ohne Ziel zurück. Er fror und hatte Angst. Schließlich setzte er sich unter eine Bank und weinte leise vor sich hin.
Da fiel auf einmal ein großer Schatten auf ihn. Augen-Paul war sofort still. Der Schatten nahm langsam im Licht des Mondes Gestalt an. Es war ein Hund. Ein großer Hund. Zottelig, schwarz und mit vielen Narben

auf dem kräftigen Körper. Der Hund sah Augen-Paul schweigend an. Dann sprach er mit tiefer Stimme: »Was haben wir denn hier für einen Rumtreiber, hä? Sitzt hier und heult. Und dann noch mit so einem schlimmen Auge. Dich hat es ja wirklich erwischt, Kleiner, was? Sag, wer bist du?«
Augen-Paul schluckte und sagte: »Ich heiße Augen-Paul und bin aus der Zooabteilung abgehauen. Und ich weiß jetzt überhaupt nicht, wo ich hin soll.«
Der große Hund beugte sich herab, lächelte und sagte: »Und ich heiße Moor. Ich bin vor vielen Jahren auch mal abgehauen – von einem Bauernhof. Und außerdem weiß ich, wo du hinkannst.«
»Wirklich?«, schluchzte Augen-Paul.
»Ja, wirklich. Los, du kommst mit zu uns.«
»Wer ist ›uns‹?«
»Wir nennen uns ›Die Anderen‹. Wart's ab. Wirst schon sehen. Folge mir einfach.«
Und das tat Augen-Paul. Er lief, so schnell ihn seine kleinen Pfoten trugen, hinter dem großen Hund her.
Nach etwa einem Kilometer kamen sie schließlich in ein Stadtviertel voller alter, verlassener Häuser. Keine Laternen brannten hier und nur das fahle Licht des Mondes

beleuchtete die Straße. Endlich blieben sie vor einem großen, alten Haus mit zerbrochenen Fensterscheiben stehen.

»Hier ist es«, sagte Moor. »Hier leben ›Die Anderen‹.«

»Aber da ist ja alles dunkel und still. Hier ist doch niemand«, antwortete Augen-Paul.

»Das ist ja der Trick. Niemand soll wissen, dass wir hier unser Hauptquartier haben. Komm, wir gehen hinein.«

Und dann sprang Moor durch ein Fenster hinein in das dunkle, große Gebäude und Augen-Paul hopste hinterher. Sie landeten mit einem Plumps auf einem großen Teppich.

»Ich habe Besuch mitgebracht«, sagte Moor in die Dunkelheit hinein.

Augen-Paul hörte nun Geräusche. Leises Knurren, das Tapsen von Pfoten, das Scharren von Krallen. Und dann zündete jemand eine Kerze an. Mit einem Mal war es hell in dem Raum. Und nun sah Augen-Paul, dass er umringt war von anderen Tieren. Von Hunden, Katzen, einem Marder, Igeln, Meerschweinchen, Hamstern. Sogar ein kleines Schwein war dabei. Sie alle sahen leicht schmuddelig aus und blickten Augen-Paul misstrauisch an.
»Wen hast du uns da angeschleppt?«, fragte der Marder mit heller Stimme. »Und was ist mit seinem Auge los?«
Moor blickte den Marder streng an und sagte: »Nun mal nicht so unfreundlich. Denk daran, wie du damals hier aufgenommen wurdest, als du dich verletzt aus der Falle befreit hast.«
»Schon gut«, murmelte der Marder. »Los erzähl, du kleiner Hund. Was ist dir geschehen?«
Und dann erzählte Augen-Paul seine Geschichte. Immer wieder nickten die Tiere verständnisvoll mit den Köpfen, als ob sie ganz genau wüssten, was der kleine Hund durchgemacht hatte.

Als Augen-Paul schließlich zu Ende erzählt hatte, kam eine der Katzen auf ihn zu, legte ihre Pfote auf seinen Kopf und sagte: »Du bist einer von uns. Wir alle haben etwas Ähnliches erlebt. Wir nennen uns ›Die Anderen‹, weil wir von der übrigen Welt ausgestoßen wurden oder ihr entflohen sind. Das Schwein ist aus dem Schlachthof abgehauen. Die meisten Katzen aus dem Tierheim. Die Meerschweinchen wurden von den Menschen vernachlässigt und wären in ihren Käfigen fast verhungert, wenn der Spatz da drüben sie nicht befreit hätte. Hier in diesem alten Haus haben wir Flüchtlinge ein neues Zuhause gefunden. Hier leben wir in aller Heimlichkeit zusammen und helfen uns gegenseitig. Wir besorgen uns gemeinsam Essen und passen aufeinander auf. Moor hatte Recht, als er dich hierher brachte, finde ich. Wir stimmen jetzt ab, ob du bei uns bleiben kannst. So will es unser Gesetz. Also: Wer ist dafür?«
Alle Tiere hoben ihre Pfoten oder Flügel.
»Einstimmig aufgenommen«, sagte Moor. »Ich freue mich, kleiner Augen-Paul.«
Und der freute sich – wie ihr euch denken könnt – natürlich auch. Endlich war er nicht mehr einsam. Er hatte eine neue Familie gefunden. Augen-Paul bezog ein kleines Zimmer unterm Dach gemeinsam mit einem Hamster namens Atze. Er lebte sich schnell ein, lernte Essen zu besorgen und in der großen Stadt nicht weiter aufzufallen. Niemand sollte von ›Den Anderen‹ wissen. Eine der alten Katzen verstand sogar etwas von Medizin. Sie hatte nämlich lange bei einem Tierarzt gelebt, bevor der gestorben war. Und sie besorgte eines Tages eine Sal-

be, damit bestrich sie Augen-Pauls krankes Auge. Schon nach drei Tagen war es wieder gesund und sah nun so normal wie das andere aus. Von diesem Tag an sagten alle Tiere zu ihm nur noch Paul. Und Paul war glücklich und stolz, dass er nun einer der ›Anderen‹ war.

Die Glinse

Hier erfahren wir etwas von der geheimnisvollen Welt der Glinsen – kleinen Wesen, die tief im Wald leben. Und wir werden Zeuge, wie sich ein Menschenjunge mit einer Glinse anfreundet. Mit anderen Worten: ein unterhaltsames Plädoyer für Völkerverständigung, multikulturelles Zusammenleben und die doppelte Staatsbürgerschaft!

Tief im Wald. Da, wo kein Mensch wohnt und nie einer hinkommt. Da leben die Glinsen. Man muss lange laufen, um zu ihnen zu gelangen. Erst drei Tage geradeaus. Dann eine Stunde links. Dann für einen kleinen Augenblick rückwärts und schließlich eine Viertelstunde rechts. Und das ohne Pause. Und weil das keiner ohne Pause kann – schließlich muss ja jeder mal schlafen und essen – deshalb kommt keiner zu den Glinsen. Und deshalb weiß auch kein Mensch, dass es sie gibt.

Die Glinsen sind klein. Etwa so klein wie dein Finger. Und sie sind flink. So wie flink wie eine Maus. Sie haben Arme und Beine wie ihr, aber auch einen dichten Pelz am ganzen Körper, grüne Gesichter und große, dreieckige Ohren. Und sie tragen einen Hut aus Zweigen und Moos, den sie »Mooskorken« nennen. Mit anderen Worten: Die Glinsen sehen schon sehr komisch aus. Das findet man aber nur, wenn man keine Glinse ist. Die Glinsen finden, dass wir Menschen komisch aussehen. Mit unserer nackten Haut, der blassen Farbe und den kleinen Ohren. Jedesmal, wenn die Glinsen einen Menschen sehen, lachen sie sich kaputt.
Hey, denkt ihr jetzt. Wieso lachen sich die Glinsen kaputt? Du hast doch gesagt, dass sie ganz weit weg wohnen, wo kein Mensch hinkommt?
Ja, stimmt. Die Menschen wissen nicht, dass es die Glinsen gibt. Aber die Glinsen wissen, dass es die Menschen gibt. Sie machen nämlich ständig geheime Reisen durch den Wald bis zu den Städten und Dörfern der Menschen. Sie verstecken sich gut und noch nie hat sie einer bemerkt. Ihr wollt wissen, warum die Glinsen das machen? Na, weil sie nicht nur klein, flink und pelzig, sondern auch furchtbar, unglaublich und total … neugierig sind. Immer müssen sie wissen, was los ist.
»Wie heißt der kleine Käfer da vorn?«, murmeln sie neugierig. »Wer wohnt hinter den Bäumen?«, fragen sie sich und kratzen sich ungeduldig hinter ihren großen Ohren. »Ob es wohl noch irgendwo was anderes zu essen gibt als unsere Waldfrüchte?«, grübeln sie und scharren ungeduldig mit den Füßen. Ja, und da sich diese Fragen nun

mal nicht zu Hause in den kuscheligen Baumhöhlen der Glinsen beantworten lassen, schicken sie ständig kleine Gruppen los, um das Neueste aus der Welt zu erfahren.

Eines Tages war mal wieder so eine Gruppe Glinsen unterwegs. Es waren der starke Pöng, die schlaue Lila, der dicke Bongo, die große Lulli und Zwongo, einer von den kleinen Glinsen, der auf dieser Reise lernen sollte, wie man sich richtig versteckt.

Nach ein paar Tagen erreichte die Gruppe einen Teil des Waldes, in dem Menschen zu finden waren.

»Hör zu«, sagte Lulli zu Zwongo. »Ab hier musst du gut aufpassen. Hier ist Menschengebiet. Wenn sie dich sehen, fangen sie dich und dir wird es übel ergehen.«

Zwongo schauderte. Er beschloss gut aufzupassen. Bongo knabberte bereits an einer Waldbeere und alle beschlossen, sich erst mal ein bisschen auzuruhen. Nur Zwongo mochte nicht. Er war so schrecklich neugierig,

dass er es nicht aushalten konnte, still zu sitzen. Als keiner hinguckte, schlich er sich weg. Bald hatte er die anderen weit hinter sich gelassen.
»Nur ein kleines Stück«, sagte er zu sich. »Und ich pass auch gut auf.«
Aber da war es schon zu spät. Als er gerade einen riesengroßen, weißen Stein bestaunte, der am Wegrand lag, verdunkelte sich plötzlich die Sonne, als ob sich ein großer Berg vor sie geschoben hätte. Nur dass Berge sich eigentlich nicht bewegen. Dieser Berg aber bewegte sich.
»Was haben wir denn da Merkwürdiges?«, hörte Zwongo eine Stimme. Und dann schoss eine große, fleischige Hand herab und Zwongo wurde hochgehoben. Mindestens vierzig Glinsenstockwerke hoch. Dabei fiel sein Mooskorken herunter und blieb im Gras liegen.
»Das muss ein Mensch sein«, dachte er voller Panik. Und dann sah er schon das nackte Gesicht vor sich. Die großen Augen musterten ihn. Zwongo hatte Angst. Große Angst. Da hatten die anderen immer erzählt, die Menschen würden lustig aussehen. Na, das galt wohl nur, wenn man sie aus sicherer Entfernung angucken konnte. Wenn man aber so hilflos auf einer großen Hand saß und in die Augen eines dieser Riesen guckte, wurde einem ganz anders.
»Tu mir nichts, Herr Mensch«, sagte Zwongo mit piepsiger Stimme.
»Nanu, du kannst ja sogar sprechen«, sagte die Stimme. »Warum sollte ich dir denn was tun? Sag, wer bist du und wo kommst du her?«
Zwongo erschrak. Man hatte ihm und allen anderen kleinen Glinsen beigebracht, was man tun musste, wenn

man einmal von Menschen gefangen werden sollte. Niemand durfte wissen, dass es noch andere Glinsen gab und wo sie wohnten.
Also sagte er, was er von den Alten gelernt hatte: »Ich bin ein Zwerg. Ich bin allein und weiß nicht, wo ich herkomme. Ich habe mir den Kopf gestoßen und kann mich an nichts erinnern.«
Der Mensch kniff die Augen zusammen: »Aha, ein Zwerg, der sich an nichts erinnern kann. Sonderbar.«
Und dann schwieg der Mensch. Schüttelte ab und zu den Kopf und schließlich grinste er. Jeder seiner Zähne war etwa so groß wie Zwongos Kopf. Schauerlich. Wirklich schauerlich. Trotzdem wurde Zwongo etwas ruhiger. Der Mensch hatte zwar Riesenzähne, aber immerhin lächelte er. Und das war ja schon mal ein gutes Zeichen.

Und außerdem hielt der riesige Kerl seine Hand ganz ruhig, so dass Zwongo keine Angst hatte, runterzufallen.
Schließlich sprach der Mensch wieder: »Was mache ich denn jetzt mit dir? Sag, gibt es noch mehr von deiner Sorte?«
Zwongo hätte beinahe »Ja!« gerufen. Und auch noch: »Lass mich frei, dann kann ich zu meinen Leuten laufen.« Aber als er gerade dabei war, den Mund zu öffnen, fiel ihm wieder ein, dass er ja nichts über andere Glinsen verraten durfte. Also sagte er: »Ich kann mich an nichts erinnern. Ich weiß nicht mal mehr, wie ich heiße.«
»Nun«, sagte der Mensch. »Dann kann ich dich ja hier wohl kaum in diesem riesigen Wald zurücklassen, nicht wahr? So klein und hilflos, wie du bist. Und ohne Gedächtnis. Am besten wird es sein, wenn ich dich erst mal mit zu mir nach Hause nehme.«
Da erschrak Zwongo fürchterlich. In das Haus des Menschen! Wie schrecklich! Aber was sollte er machen? Er durfte ja nicht sagen, dass die anderen ihn sicher schon suchten und er gut allein zurechtkommen würde. Also schwieg er und fügte sich in das, was kommen würde.
Und so geschah es, dass Zwongo, die kleine Glinse, ein großes, ja sogar ein ziemlich großes Abenteuer erlebte. Größer als alles, was die Geschichtsbücher der Glinsen bisher verzeichnet hatten.
Der Mensch steckte ihn vorsichtig in eine seiner Jackentaschen und dann wurde es warm und weich und dunkel um Zwongo und er schlief trotz seiner immer noch vorhandenen Angst schließlich ein.
Er erwachte, als er eine Kinderstimme hörte.

»Papa, hast du mir etwas mitgebracht?«, rief die Stimme. Und der Mensch, der ihn im Wald aufgesammelt hatte, antwortete. »Ja, mein Junge. Etwas ganz Besonderes. Aber du musst sehr vorsichtig mit ihm sein.«
Und dann schob der Mensch seine große Hand ganz behutsam in die Tasche und hob Zwongo hinaus ans Licht.

Erst konnte dieser kaum etwas sehen, so hell war es. Aber schließlich erkannte er vor sich ein Menschenkind.
»Ohhh«, sagte das Menschenkind und ließ seinen Mund offen stehen. Ungläubig starrte es Zwongo an.
»Es ist ein Zwerg«, sagte der Mann, der wohl der Vater des Menschenjungen war.
«Er hat sein Gedächtnis verloren und du kannst dich um ihn kümmern, Paul. Willst du das?«
»Ja«, sagte Paul und lachte über das ganze Gesicht. »Ja, das will ich. Darf ich ihn anfassen?«

»Frag ihn doch«, sagte sein Vater. »Er kann sprechen.«
Paul beugte sich zu Zwongo herab und sagte also: »Darf ich dich auf meine Hand nehmen?«
Zwongo überlegte kurz, kratzte sich an seinem pelzigen, dreieckigen Ohr und sagte schließlich mit fester Stimme. »Jawohl, aber pass auf, dass du mich nicht zerdrückst, Paul.«
»Oh, tatsächlich!«, rief Paul. »Er kann sprechen. Und er hat sogar schon meinen Namen gelernt.«
Und dann schob er seine Hand – die nicht ganz so riesig war wie die seines Vaters – zu Zwongo hinüber. Und der sprang – zack – einfach darauf und setzte sich hin.
Von diesem Tag an waren Zwongo, die Glinse, und Paul, das junge Menschenkind, Freunde.
Und darüber war Paul sehr froh. Denn er hatte nicht viele Freunde. Er lebte mit seiner Familie weitab von der Stadt am Rande des Waldes. Sein Vater war nämlich der Förster. Das ist so etwas wie der Hausmeister des Waldes. In den Kindergarten ging Paul nicht und zur Schule durfte er noch nicht. Ab und zu kam mal sein Cousin Armin vorbei. Aber meistens war Paul allein oder er spielte hin und wieder mit seiner Mutter oder seinem Vater. Doch die hatten selten Zeit. Deshalb war Paul also sehr froh, dass er Zwongo hatte.
Paul ließ Zwongo in dem alten Puppenhaus wohnen, das einmal seiner Mutter gehört hatte. Es bestand aus vier Zimmern, die auf zwei Etagen verteilt waren. Da gab's ein Schlafzimmer mit einem kleinen Bett, in das Zwongo genau hineinpasste. Ein Spielzimmer mit winzigen Autos und einem Teddybären, eine Küche und ein

Wohnzimmer mit einem Schaukelstuhl und einem kleinen Sofa. Jedes Zimmer konnte durch eine kleine Lampe beleuchtet werden, die ihren Strom aus einer Batterie bekam.

Zwongo fühlte sich sehr wohl in seinem neuen Heim. Alles war so aufregend und er hatte gar kein Heimweh nach dem Glinsendorf. Zumindest am Anfang nicht. Es gab ja so viel zu entdecken. Stellt euch doch nur mal vor, wie das Leben bei uns Menschen für so eine kleine Glinse ist. Zu essen bekam Zwongo riesige Brocken. Eine Scheibe Brot war für ihn so groß wie ein Wohnzimmerteppich. Das Käsestück, von dem er ab und zu aß, war so groß wie ein Auto. Und wenn er Durst hatte, goss ihm Paul vorsichtig Apfelsaft in eines der Puppengläser. Und zwar aus einem Krug, der für Zwongo so groß wie ein Schwimmbad war. Er hätte locker darin baden können. Und erst die Schokolade, die er bekam! Jeden Sonntag gab es ein Stück, so groß wie Zwongos Bettdecke.

Paul und Zwongo hatten viel Spaß miteinander. Oft setzte sich Zwongo in das ferngesteuerte Rennauto von Paul und ließ sich umherfahren. Spannend war es auch, in einem der Waggons von Pauls Eisenbahn mitzufahren, besonders durch die dunklen Tunnel. Und abends, wenn Paul ins Bett musste, setzte sich Zwongo zu ihm aufs Kopfkissen und sie plauderten noch ein bisschen, bevor auch Zwongo in sein Puppenbett hüpfte.
Wenn sie nach draußen zum Spielen gehen wollten, krabbelte Zwongo in Pauls Hemdtasche und dann ging es los. Sie erkundeten den Wald, erzählten sich gegenseitig Geschichten, beobachteten Rehe und andere Tiere. Kurz: Sie wurden sehr gute Freunde.
Schade war nur, dass Zwongo nicht über seine Heimat und das Leben bei den Glinsen reden durfte. Das war ihm ja verboten worden. Aber er wollte es so gern, denn bei Paul wäre das Geheimnis in guten Händen, das wusste er. Trotzdem hielt er den Mund. Doch allmählich spürte er, dass er langsam Sehnsucht bekam. So toll es auch war mit Paul – Zwongo wußte, dass er irgendwann zu seinen Leuten zurückkehren musste. Aber wie sollte er das nur machen? Pauls Vater hatte ihn in seiner Jackentasche sehr weit von der Stelle weggetragen, an dem er

die anderen Glinsen verloren hatte. Er kannte ganz einfach den Weg nach Hause nicht mehr. Und dann war da noch etwas: Selbst wenn er den Weg wüsste, er konnte Paul doch jetzt, nachdem sie so gute Freunde waren, nicht einfach allein lassen. Er wusste ja, wie einsam der Menschenjunge die ganzen letzten Jahre oft gewesen war. Es schien wirklich keine Lösung für das Problem zu geben. Oder doch? Was wäre, wenn er Paul doch ins Vertrauen ziehen würde? Dann könnte er mit seiner Hilfe vielleicht die Stelle wiederfinden, an der er Bongo, Lulli und die anderen zurückgelassen hatte. Vielleicht hatten die ihm ja ein Zeichen hinterlassen.

Und eines Abends, als er wieder bei Paul auf dem Kopfkissen saß, wagte Zwongo es. Er erzählte Paul die ganze Wahrheit. Dass es noch andere Glinsen gab, dass sie ganz tief im Wald wohnten und dass er dorthin zurück müsse, so gern er Paul auch habe.
Paul hörte sich die ganze Geschichte mit großen Augen an. Dann dachte er eine ganze Zeit lang nach. Und schließlich sagte er: »Ich werde dir helfen, Zwongo. Wozu sind Freunde schließlich da?«

Zwongo war begeistert und hüpfte vor Freude ein bisschen auf Pauls Nase herum.
»Aber wie sollen wir den Platz im Wald finden, an dem dein Vater mich aufgelesen hat?«, fragte er dann plötzlich besorgt.
»Ganz einfach«, antwortete Paul »Mein Papa schreibt immer alles, was er tut, in ein großes Buch. Dort steht, wann er wo was im Wald getan hat. Ich weiß noch, an welchem Tag er dich mitgebracht hat, und unter diesem Datum werde ich morgen in dem Buch nachsehen.«
Paul tat, was er versprochen hatte. In dem Buch stand: »Heute an der Wildschweinschlucht die Fuchsfalle kontrolliert. Dort auf Zwerg getroffen und Paul mitgebracht.«
»Die Wildschweinschlucht!«, rief Paul. »Zwongo, ich weiß, wo das ist. Komm mit!«
Und dann steckte er Zwongo in seine Jackentasche, schwang sich auf sein Fahrrad und radelte los.
Nachdem sie etwa eine Viertelstunde durch den Wald gefahren waren, hielt Paul plötzlich an.
»Hier ist es«, sagte er. »Da vorn ist die Wildschweinschlucht.«
Zwongo sprang aus Pauls Tasche und sah sich um. Und dann entdeckte er ihn – den großen weißen Stein, an dem er Pauls Vater zum ersten Mal getroffen hatte. Er rannte hin, stöberte ein wenig im Unterholz und fand bald, was er suchte. Seinen Mooskorken und daneben einen winzig kleinen Zettel, auf dem in Glinsenschrift stand: »Zwongo, folge den geheimen Zeichen.«

Da fiel Zwongo wieder ein, was er in der Glinsenschule gelernt hatte. Dort hieß es: Wenn eine Glinse sich verläuft, muss sie kleine Häufchen aus Tannennadeln am Fuß der Bäume suchen, die ihr den Weg nach Hause zeigen. Zwongo sah sich um und da waren sie auch – die kleinen Haufen. Links und rechts am Boden, direkt neben den mächtigen Stämmen der Bäume.
Zwongo drehte sich zu Paul um und rief: »Ich habe die Zeichen gefunden! Jetzt weiß ich den Weg nach Hause. Ich muss gehen – aber ich verspreche dir, Paul, dass ich wiederkomme und dich besuche. Ganz bestimmt.«
Und dann umarmten sich Paul und die Glinse, so gut das eben ging, und Zwongo lief los und verschwand im Wald.
Paul fuhr traurig nach Hause. Er fühlte sich jetzt sehr allein und weinte auch ein bisschen. Er glaubte nicht, dass Zwongo wirklich wiederkommen würde.
Zwei Tage vergingen. Und zwei Nächte. Zwongo kam

nicht. Am Abend des dritten Tages saß Paul ganz allein draußen vor dem Haus und brütete dumpf vor sich hin. Doch was war das? Hatte er nicht eben etwas gehört?
»Hey, Paul, du alte Runkelrübe. Nun guck mal nicht so traurig, ich hab' dir doch gesagt, dass ich wiederkomme.«
Paul sprang auf und sah zu Boden. Und da stand Zwongo. Und neben ihm noch Lulli und Pöng und Lila und Bongo. Sie waren alle mitgekommen, um das Menschenkind kennen zu lernen, das einer Glinse geholfen hatte. Und sie kamen immer wieder. Jetzt fühlte sich Paul nie mehr einsam. Denn er war ein Freund der Glinsen. Und das kann nun wirklich niemand unter den Menschen sonst noch von sich behaupten.

Der fliegende Frosch

Hier wird nichts Geringeres als die Macht der Freundschaft beschworen. Mir kommen jedes Mal die Tränen, wenn ich die Geschichte lese. So sehr geht sie einem ans Herz. Und außerdem erfahren wir, wie die Frösche ihre vielen, vielen Kinder nennen, die sie jedes Jahr zur Welt bringen, ohne sich für jedes extra einen neuen Namen auszudenken.

Der kleine Teich im Wald lag still in der Abendsonne. Ein Mückenschwarm tanzte genau in der Mitte über der Wasseroberfläche. Auf einem Blatt saß der kleine Frosch Peter 3. Alle Brüder von Peter hießen Peter. Und alle seine Schwestern hießen Petra. Zumindest alle, die gleich alt waren. Frösche kriegen nämlich jedes Jahr so viele Kinder, dass sie sich ganz einfach nicht genug Namen ausdenken können. Also wählen sie in jedem Jahr einen Namen für die Froschjungen und einen Namen für die Froschmädchen. Und die kriegen dann Nummern. Peter 3 saß also auf einem Blatt, seufzte leise und murmelte: »Ach, was ist es heute langweilig.«
»Plopp«, machte es da plötzlich und neben ihm tauchte seine Schwester Petra 12 auf.

»Hallo, Peter 3«, sagte Petra 12 und hüpfte neben ihren Bruder auf das Blatt. »Du siehst aber griesgrämig aus.«
»Ja«, sagte Peter 3. »Ich langweile mich.«
»Was würdest du denn jetzt gern tun?«, fragte Petra 12.
»Fliegen«, sagte Peter 3. »Ich möchte einmal wie ein Vogel fliegen können und unseren Teich von oben sehen.«
»Na, du hast vielleicht Ideen«, lachte Petra 12 und sprang zurück ins Wasser. Sie tauchte unter und verschwand. Peter 3 saß also wieder allein auf seinem Blatt. Wehmütig sah er den Schwalben zu, die fröhlich zwischen den Baumwipfeln hin- und herdüsten. Neidisch beobachtete er einen Bussard, der sich hoch oben am Himmel mit weit ausgebreiteten Schwingen vom Abendwind tragen ließ.
»Ah«, sagte Peter 3 da plötzlich zu sich selbst. »Ich hab eine Idee. Ich frag mal meinen ältesten Bruder Achim

47. Der weiß vielleicht, wie ich das Fliegen lernen kann.« Achim 47 war schon fünf Jahre alt und längst von zu Hause ausgezogen. Er wohnte jetzt mit einer netten Kröte namens Bertha 19 auf der nächsten Lichtung. Peter 3 konnte es bis dahin noch schaffen, bevor es dunkel wurde. Also hüpfte er kurz entschlossen los.

Achim 47 war tatsächlich zu Hause. Er und Bertha 19 freuten sich über seinen Besuch. Sie boten ihm ein Glas Morgentau an und hörten sich seine Bitte an.
»So, so«, sagte Achim 47. »Du willst also fliegen lernen. Tut mir leid, mein kleiner Bruder. Aber das ist leider ganz und gar unmöglich. Frösche können überhaupt nicht fliegen. Sie haben ja keine Flügel.«
Da war Peter 3 sehr traurig.
Doch plötzlich sagte Bertha 19: »Ich hab da eine Idee, mein kleiner Frosch. Drüben auf der großen Eiche wohnt der alte Adler Arthur. Der ist allein und sehr einsam, weil er keine Familie mehr hat. Frag ihn doch, ob du mal ein kleines Stück bei ihm mitfliegen kannst.«

Das war eine gute Idee. Peter 3 sprang sofort los. Kaum war er an der Eiche angekommen, rief er auch schon laut: »Herr Arthur, sind Sie zu Hause?«
Erst antwortete niemand. Aber dann sagte eine tiefe Stimme – sie kam von weit oben: »Wer will etwas von Arthur, dem Adler?«
Peter 3 hatte jetzt zwar etwas Angst. Aber dann sagte er mutig: »Ich bin Peter 3, der kleine Frosch aus dem Teich. Ich möchte gern mit Ihnen mitfliegen, Herr Adler. Weil Fliegen das Schönste ist, was ich mir vorstellen kann.«
Statt einer Antwort rauschte es plötzlich laut und bedrohlich über ihm und etwas Großes stürzte von oben auf Peter herab. »Huuuh« machte es und die Blätter auf dem Boden wehten davon.
»Wumm!« Dicht neben ihm war Arthur, der Adler gelandet. Er war riesig. Mit gewaltigen Flügeln. Einem spitzen Schnabel und gelben Augen. Seine Krallen waren scharf wie Messer und fast so groß wie Peter 3.

»So, so«, sagte Arthur, der Adler. »Fliegen willst du. Ein Frosch will fliegen.«

»Ja«, sagte Peter 3. »Ich möchte so gern. Davon träume ich schon, seit ich denken kann.«
Arthur blickte ihn nachdenklich an. Eigentlich war er ein ganz netter, freundlicher Adler. Aber er glaubte, dass es sich für einen Adler nicht gehört, zu nett zu sein, und versuchte deshalb immer ein bisschen gefährlich und böse zu wirken. Aber er war gar nicht böse. In Wirklichkeit fühlte er sich sehr einsam, weil er ja keine Familie mehr hatte. Und als er da den kleinen Frosch Peter 3 vor sich sitzen sah, mit seinen großen Augen und den lustigen Füßen, da musste er fast lachen. Auf einmal freute er sich, dass er Besuch bekommen hatte.
Er räusperte sich und sagte – jetzt schon viel netter: »Und wie, du kleiner Frosch, stellst du dir das vor, mit mir zu fliegen?«
»Na, ganz einfach«, sagte Peter 3. »Ich hüpfe auf deinen Rücken und dann fliegst du los.«
»Na, da merkt man gleich, dass du vom Fliegen keine Ahnung hast«, sagte Arthur. »Sobald wir oben in der Luft sind, weht ein gewaltiger Wind. Du würdest sofort runtergeblasen werden. Und dann wackelt es auch ganz gewaltig. Du brauchst etwas, worauf du sitzen kannst, um dich festzuhalten.«
Peter 3 runzelte die Stirn und überlegte lange. Damit hatte er nicht gerechnet. Schon wollte er sich enttäuscht abwenden, als Arthur plötzlich sagte: »Moment, nicht gleich aufgeben. Ich kenne ein Eichhörnchen. Das hat einen kleinen Stuhl aus einer Puppenstube vom Sperrmüll geholt. Der steht jetzt in seinem Baumhaus. Vielleicht leiht es ihn uns ja. Warte hier.«

Und dann breitete er seine riesigen Flügel aus und flog rauschend davon.
Peter 3 saß allein vor dem Baum und wartete. Langsam wurde es dunkel und er fühlte sich gar nicht wohl. Seltsame Geräusche drangen aus dem Wald. Ein »Huuh« und ein »Haaah«, und auf einmal raschelte etwas neben ihm und eine dunkle Gestalt ragte auf. Es war ein Marder. Peter 3 erschrak. Marder waren gefährlich – das wusste er. Und da sprang der Marder auch schon auf ihn zu und fauchte ganz schrecklich. Peter 3 dachte schon, dass seine letzte Stunde geschlagen hätte. Aber gerade als der Marder sich auf ihn stürzen wollte, hörte er plötzlich ein gewaltiges Rauschen über sich. Ein riesiger Schatten stürzte auf den Marder herab. Es war Arthur, der Adler.

Er packte den Marder mit seinen Krallen und warf ihn fünf Meter weiter in den Wald hinein. Der Marder jaulte laut, rappelte sich wieder auf und floh Hals über Kopf. »Da bin ich ja gerade noch rechtzeitig gekommen«, sagte Arthur und streichelte dem zitternden Peter 3 sachte mit der Flügelspitze über den Kopf. »Guck mal«, sagte er dann, »was ich hier mitgebracht habe.«
Peter 3 blickte sich um und entdeckte einen kleinen Stuhl mit einer roten Lehne. »Der sieht ja toll aus«, rief er. »Und wie machen wir den bei dir fest, Arthur?«
»Ganz einfach«, sagte der Adler. »Wir fragen Ulla, die Eule. Die ist sehr geschickt mit ihren Krallen und kann den Stuhl bestimmt auf meinem Rücken mit ein paar starken Grashalmen festbinden. Aber es ist ja schon dunkel. Wir müssen bis morgen warten. Du hüpfst jetzt besser zurück zu deinem Teich. Und keine Angst. Ich fliege dicht über dir und passe auf, bis du zu Hause bist.«
Peter 3 hüpfte also mutig los in den dunklen Wald. Und immer wenn er nach oben schaute, sah er den dunklen Schatten von Arthur, dem Adler, und er hatte überhaupt

keine Angst. Als er schließlich zu Hause angekommen war, rief Arthur noch kurz: »Bis morgen, kleiner Peter!« und verschwand mit einem Rauschen im Nachthimmel.
Ute 19, die kleine Schwester von Peter 3, war noch wach. Sie piepste: »Was war denn das da oben? Das sah ja aus wie ein Adlor.«
»Das heißt Adler, nicht Adlor«, lachte Peter 3, hüpfte ins Wasser und kuschelte sich auf einem Seerosenblatt zusammen. Das letzte, was er hörte, bevor er einschlief, war Ute 19, die ihrer Schwester Paula 29 zupiepste: »Peter 3 ist von einem Adlor nach Hause gebracht worden.«

Am nächsten Morgen wachte er ganz früh auf und hüpfte sofort los zu dem Baum von Arthur. Der saß schon auf einem großen Ast. Auf seinem Rücken war der kleine Stuhl mit der roten Lehne festgebunden.
»Guten Morgen, Frosch«, rief er. »Warte, ich fliege schnell runter und dann kannst du aufsteigen.«
Peter 3 konnte es kaum glauben. Gleich würde er fliegen, wirklich fliegen! Zitternd hüpfte er auf den Stuhl.
»Gut festhalten«, sagte Arthur. »Jetzt geht's los!«
Und dann breitete der alte Adler seine gewaltigen Flügel aus und schwang sich mit einem Ruck in die Höhe. Peter 3 konnte es kaum fassen. Schon nach ein paar Sekunden waren sie hoch oben über dem Wald. Der Wind blies ihm ins Gesicht. Und jedes Mal, wenn Arthur seine großen Flügel schwang, wackelte es etwas. Doch Peter 3 saß sicher in seinem Stuhl und bestaunte die Welt unter sich. Auf einmal war alles so klein! Er sah Kühe auf den Wiesen. Eine Katze, die auf einem Hügel lauerte.

Rehe, die ängstlich wegliefen, weil ein Trecker angefahren kam. Und dann sah er, mitten im Wald, auf einer kleinen Lichtung auch sein Zuhause. Den kleinen Teich. Er glänzte silbern in der Sonne und sah von oben nicht größer aus als ein Geldstück.

»Wollen wir mal zum Teich fliegen?«, fragte Arthur.

»Oh, ja!«, rief Peter 3.

Und schon raste Arthur auf die Lichtung zu und flog dicht über den Teich hinweg. Alle Frösche und Kröten waren deswegen sehr aufgeregt.

»Oh!« und «Ah!« riefen sie. »Seht mal, da sitzt Peter 3 auf einem Adler!« Und Ute 19 schrie: »Ein Adlor, ein Adlor!« Aber ehe sie sich alle versahen, waren Peter 3 und Arthur auch schon weitergeflogen. Arthur hatte sehr viel Spaß daran, dass Peter 3 sich so doll freute. Er flog so ruhig wie möglich, damit Peter 3 sich alles in Ruhe ansehen konnte. Und dann – nach einer Stunde – steuerte Arthur wieder auf seinen Baum zu und landete knapp neben ihm auf einem Mooskissen.

Peter 3 hüpfte herunter, umarmte Arthur und rief: »Danke, danke, lieber Arthur! Das war das Schönste, was ich je erlebt habe.«

»Mir hat es auch Spaß gemacht«, antwortete Arthur. »Und wenn du magst, kannst du bald wieder mit mir fliegen. Dann bin ich nicht so allein, wenn ich oben in der Luft bin.«

Und von diesem Tag an waren Arthur, der Adler, und Peter 3, der kleine Frosch, die besten Freunde.

Professor Quetzekopp

Ein genialer Erfinder und sein treuer Schüler, eine Explosion, spurloses Verschwinden und ein herzzerreißendes Wiedersehen nach Jahren – und das noch mitten in der Antarktis. Eine wirklich grelle Geschichte für alle Altersgruppen!

Ich möchte euch heute von einem wirklich seltsamen Mann erzählen. Sein Name ist Quetzekopp – Professor Quetzekopp. Fragt mich nicht, warum der Mann einen so seltsamen Namen hat. Ich weiß es nicht. Ich weiß noch nicht einmal seinen Vornamen. Vielleicht heißt er ja Karl Quetzekopp. Oder Peter. Möglicherweise ist sein Vorname aber auch so sonderbar wie sein Nachname und er heißt Balthasar Luis Atom Quetzekopp oder so. Egal. Was ich jedoch weiß, ist, dass dieser Professor Quetzekopp der großartigste Wissenschaftler seines Landes war. Er war ein so genanntes Universalgenie. Das heißt in etwa, dass er sich mit allem auskannte und überall mitreden konnte. Sprach einer zum Beispiel vom Wetter, so konnte Quetzekopp sofort seine Theorien über die Entstehung von Haufenwolken über Spielplätzen beisteuern. Erzählte ein anderer etwas über Motoren, dann war Quetzekopp sofort mit seiner Erfindung des Viervierteltakt-Motors mit Schubumkehr zur Stelle. Quetzekopp konnte nämlich nicht nur mitreden, nein, er erfand und baute auch Sachen. Tolle Sachen wie Motorräder, Kraftwerke, Kakaomaschinen oder Heizungen mit eingebautem Lagerfeuer. Quetzekopp war eben ein Genie. Und er sah auch so aus. Sein Kopf war fast kahl. Sein runzliges Gesicht zierte eine gewaltige Nase und von seinem Kinn hing ein ebenso gewaltiger weißer Bart herab, der ihm bis zum Bauch reichte. Der Professor trug immer einen weißen Kittel, aus dessen Seitentasche ein Notizblock, ein Kugelschreiber mit Endlosmine (auch eine seiner Erfindungen) und ein angelutschter Lolli herausragte. Quetzekopp naschte nämlich leidenschaftlich gern.

Ich kann den Professor übrigens so genau beschreiben, weil ich seinerzeit in seinem Haus ein- und ausging. Er lebte nämlich allein und meine Mutter machte bei ihm sauber. Und da ich noch nicht zur Schule ging, durfte ich sie immer zum Haus des Professors begleiten. Während ich auf sie wartete, beobachtete ich, was er dort machte. Ich sah, wie Quetzekopp an riesigen, rätselhaften Maschinen hantierte. Ich saß auf einer Bank hinter ihm, wenn er in seinem Labor vor sich hin murmelnd seltsame Flüssigkeiten in gläsernen Röhren erhitzte, und ich beobachtete, wie er jauchzend von seinem Schreibtisch aufsprang, wenn er ein kompliziertes wissenschaftliches Problem mit Hilfe seines außerordentlichen Gehirns gelöst hatte. Anfangs bemerkte Quetzekopp mich kaum. Irgendwann aber stutzte er, als ich wieder einmal hinter

ihm im Labor hockte, sah mich lange an und sagte schließlich: »Junge, du gefällst mir. Du störst mich nicht bei meiner Arbeit, siehst mir einfach nur zu und mir scheint, dass du sogar eine ganze Menge mitkriegst. Komm her, ich will dir erklären, was ich gerade tue.«
Und das, liebe Leute, war ein denkwürdiger Tag. Denn es war der Tag, an dem ich Professor Quetzekopps Gehilfe wurde. Nun ja, nicht gleich. Aber so nach und nach.
Anfangs hörte ich nur aufmerksam zu, wenn er mir et-

was erklärte. Dann ging ich ihm hin und wieder zur Hand und brachte ihm mal ein Buch, mal ein Glasröhrchen. Und schließlich begann ich, ihm bei seinen Experimenten zu assistieren. Ich schrieb die Ergebnisse von Versuchen auf. Ich wog verschiedene Substanzen auf einer Waage genauestens ab, bevor sie zusammengemischt wurden. Ich erhitzte Metall, trocknete Pflanzen, zerkleinerte Gräser und beobachtete Versuchstiere. Ich lernte viel, stellte mich geschickt an und der Professor war zufrieden mit mir.

»Was sollte ich nur ohne dich machen?«, sagte er einmal und strich mir sanft über den Kopf. Ich gab mir aber auch sehr viel Mühe und passte gut auf, wenn Quetzekopp mir etwas erklärte. Manches war sehr schwierig. Zum Beispiel, als er mir beschrieb, wie die Welt im Kleinen aussieht. Ich meine, im ganz Kleinen. Eine Welt, die viel, viel kleiner ist als ein Sandkorn. Der Professor erklärte mir, dass alles, was wir sehen und anfassen können, aus Atomen besteht. Darin sausen klitzekleine Teilchen umher. Schneller als jedes Auto. Und diese Atome sind so klein, dass eine Milliarde von ihnen in den Punkt am Ende dieses Satzes passt. Ja, solche tollen, interessanten Sachen lernte ich von Professor Quetzekopp. Meine Mutter war sehr stolz auf mich. Sie freute sich sehr, als der Professor schließlich die Kosten für meine Ausbildung in der Schule und an der Universität übernahm. Und so wurde ich – dank meines gelehrten Freundes – ein Wissenschaftler.

Auch als ich studierte, ging ich jede Woche mindestens einmal zu Professor Quetzekopp, um ihm bei seinen Experimenten zu helfen. Ich war mittlerweil fast wie ein Sohn für ihn. Und da ich keinen Vater mehr hatte, wurde der Professor für mich so etwas wie mein neuer Papa. Nur, dass er nicht mit meiner Mutter zusammenlebte. Einmal, nach einem arbeitsreichen Tag, nahm mich der Professor zur Seite und sagte: »Paul, du musst hier und an der Universität viel lernen. Ich will dir eine meiner Erfindungen schenken. Es ist eine Pille. Sie heißt ›Denk-Kanone‹ und ist für Leute, die sich in wichtigen Momenten, zum Beispiel bei einer Prüfung, an etwas erinnern müssen, das sie vergessen haben. Du nimmst eine dieser Pillen und – eins, fix, drei – fällt dir alles wieder ein, was du jemals wusstest. Aber nimm sie nur im absoluten Notfall. Hier, ich lege sie in diesen kleinen Anhänger. Den kannst du in einer Kette um deinen Hals tragen, dann hast du die ›Denk-Kanone‹ immer dabei.« Ich bedankte mich hocherfreut und trug die Kette voller

Stolz viele Jahre lang. Ich hätte nie gedacht, dass ich die Pille einmal dringend brauchen würde. Ich konnte nämlich sehr gut lernen. Der Professor war immer voll des Lobes, wenn ich meine Zeugnisse mit den guten Noten präsentierte. Wir waren wirklich wie Vater und Sohn. Aber dann geschah etwas, was alles auf einen Schlag änderte. Eines Tages, als der Professor allein in seinem Labor arbeitete, gab es dort eine gewaltige Explosion. Ein Teil des Hauses wurde zerstört und trotz aufwendiger Suche fand man den Professor nicht unter den Trümmern. Weder tot, noch lebendig. Er war einfach verschwunden. Ich war sehr traurig und hoffte, dass er wiederkäme. Aber nichts passierte. Er war und blieb verschwunden. Es gab die wildesten Gerüchte. Jemand vermutete, der Professor sei infolge der Explosion geschrumpft und würde immer noch kleiner werden. Jetzt sei er nur noch so groß wie ein Stecknadelkopf. Ich musste sofort an die klitzekleinen Atome denken, von denen Quetzekopp mir erzählt hatte, und fragte mich, ob der Professor jetzt wohl inmitten der sausenden kleinen Teilchen umherwanderte. Aber ein anderer Wissenschaftler meinte, das Gerücht, der Professor wäre geschrumpft, sei Unsinn. Außerdem hatte ein Briefträger ausgesagt, dass er den Professor am Tage der Explosion noch am Stadtrand in einem sonderbaren Auto gesehen habe. Sonderbares Auto? dachte ich. Das konnte doch nur der Minibus mit dem Viervierteltakt-Motor gewesen sein. Ich sah in der Garage nach. Und tatsächlich: Der Bus war verschwunden. Der Professor war also nach der Explosion geflüchtet. Aber warum nur? Niemand wusste es.

Die Jahre vergingen und Quetzekopp geriet in Vergessenheit. Aber nicht bei mir. Ich dachte oft an ihn, wenn ich an der Universität Experimente machte. Und als ich schließlich meinen Abschluss geschafft hatte und ein echter Wissenschaftler geworden war, dachte ich noch mehr an ihn. Denn ich wusste, er wäre sehr stolz auf mich gewesen.
Mein Arbeitsgebiet war die Biologie, also die Erforschung von Pflanzen und Tieren in der gesamten Welt. Eines Tages reiste ich mit einer Gruppe von Wissenschaftlern in die Antarktis. Das ist der südlichste Punkt der Erde, wo es bitter, bitter kalt ist. Wir sollten untersuchen, wie die Tiere dort leben und ob die Verschmutzung unserer Umwelt auch dieses eisige Gebiet schon erreicht hat.
Wir wurden mit Hubschraubern zu unserem Lager am Fuße eines gewaltigen Berges geflogen und lebten im ewigen Eis in beheizten Zelten. Wir untersuchten die Tiere, das Eis, die Luft und die wenigen Pflanzen, die wir fanden. Die Wochen vergingen und es passierte eigentlich nichts Aufregendes.
Eines Tages jedoch geschah eine Katastrophe. Mitten in einer sternenklaren Nacht ertönte über uns ein dumpfes Grollen. Und dann raste vom Berg eine Lawine herunter. Tonnenweise Schnee. Es donnerte fürchterlich. Schnee und Eis krachten gegen unsere Zelte, so dass wir uns nicht hinauswagten.
Schließlich kehrte wieder Ruhe ein. Wir krochen ins Freie und sahen, dass unser Lager mindestens zur Hälfte im Schnee verschwunden war. Zum Glück war jedoch

niemand verletzt worden. Wir fingen sofort an, unsere Zelte wieder freizuschaufeln. Das war sehr mühsam.
Plötzlich hallte ein Ruf durch die eisige Wildnis: »Unser Generator ist kaputt!«
Ich erschrak. Der Generator war die Maschine, die uns mit Strom und Wärme versorgte! Und dann sah ich es: Beim Aufprall der Lawine war einer unserer Metallschlitten genau in die Maschine geschleudert worden und hatte sie fast vollständig zerstört. Was sollten wir nun machen? Man würde uns erst in zwei Wochen wieder abholen. Bis dahin konnten wir nicht einfach nur in unseren Zelten sitzen und warten. Ohne Bewegung würden wir langsam erfrieren. Hilfe holen konnten wir leider auch nicht. Denn mit dem Generator wurde auch unser Funkgerät betrieben. Es blieb uns also nichts anderes übrig – wir mussten unsere Siebensachen packen, wie man so schön sagt, und uns auf den Weg zurück machen. Zu Fuß! Zum Glück hatten wir genügend warme

Kleidung mit. Also zogen wir los. Warm eingepackt, jeder mit einem kleinen Zelt und Essen und Trinken in seinem Rucksack.
Der Marsch war sehr mühsam. Wir kamen in dem tiefen Schnee nur sehr langsam vorwärts. Zudem wurde das Wetter immer schlechter. Langsam bekamen wir Angst. Bis zum nächsten Lager waren es noch 500 Kilometer. Ob wir das schaffen würden? Wir waren insgesamt zehn Personen. In einer Reihe kämpften wir uns durch den Schnee. Abends schlugen wir unsere Zelte auf und kuschelten uns in unsere Schlafsäcke. Sehr warm war es nicht, aber immerhin musste niemand erfrieren. Zumindest, solange das Wetter einigermaßen gemäßigt blieb.
Doch dann, am dritten Tag unseres Rückmarsches, kam plötzlich Wind auf, der sich in kurzer Zeit zu einem gewaltigen Sturm entwickelte. Wir drängten uns dicht aneinander. Die Zeit hatte nicht gereicht, die schützenden Zelte aufzuschlagen. Eisig schlug uns der Wind entgegen. Der Schnee fühlte sich an wie kleine Pistolenkugeln und wir dachten schon, dass wir das Unwetter nicht lebend überstehen würden. Doch auf einmal geschah etwas Sonderbares: Ein dunkles Rauschen ertönte, lauter noch als das Tosen des Sturmes. Plötzlich war da ein Leuchten am Himmel und etwas Großes senkte sich über uns herab. Und mit einem Mal waren der Sturm und die Kälte verschwunden. Verwirrt standen wir auf. Wir sahen, dass das Unwetter noch tobte, aber es erreichte uns nicht mehr. Und dann begriff ich: Jemand hatte eine gewaltige Glaskuppel über uns gestülpt. Wie

eine riesige Käseglocke. Sie schützte uns vor dem Sturm und von irgendwoher kam auch warme Luft und rettete uns vor dem sicheren Erfrierungstod. Wer konnte so etwas schaffen?
Lange Zeit geschah nichts. Wir erholten uns rasch und untersuchten das wundersame Ding. Es fühlte sich an wie das dicke Glas, das man in Aquarien findet. Oben an der Spitze der Kuppel hing ein Seil aus Stahl. Damit war das riesige Ding wohl transportiert worden. Schließlich war der Sturm vorbei, das Schneegestöber lichtete sich. Und so erkannten wir endlich, was draußen, außerhalb der Kuppel stand: ein gigantischer Hubschrauber, der die Kuppel offensichtlich getragen hatte. Er war größer als jeder andere Hubschrauber, den ich je ge-

sehen hatte. Mindestens so groß wie fünf Busse. Und dann stieg jemand aus der Maschine aus. Er trug einen weißen Kittel und hatte einen langen, weißen Bart, der ihm bis zu den Knien reichte. Ich traute meinen Augen nicht. Das war doch – nein, das konnte nicht sein. Nicht hier mitten in der Antarktis. Doch dann, als die Gestalt näherkam, gab es keinen Zweifel mehr: Im Kittel des Mannes steckten ein Kugelschreiber und daneben – ein Lolli! Es war tatsächlich Professor Quetzekopp, mein alter Lehrer und Ersatzvater. Mir traten die Tränen in die Augen. Ich klopfte gegen die Glaswand und rief seinen Namen. Doch er konnte mich nicht hören. Das Glas war zu dick. Dann öffnete sich eine unsichtbare Tür in der Kuppel und der Professor trat zu uns herein. Jetzt konnte ich ihn noch deutlicher erkennen. Er war natürlich älter und noch runzliger geworden. Die deutlichste Veränderung war jedoch eine Narbe auf seinem kahlen Kopf. Sie stammte sicherlich von der Explosion in dem Labor. Der Professor trat näher und sagte mit tiefer Stimme: »Ich wollte niemals mehr andere Menschen sehen. Aber ich konnte euch nicht sterben lassen. Draußen findet ihr Motorschlitten für alle von euch. Nehmt sie und verschwindet.«
Ich trat vor. »Professor«, stammelte ich. »Ich bin es, Paul.«
Quetzekopp sah mich an. Er runzelte die Stirn. »Paul«, murmelte er. »Der Name kommt mir bekannt vor.«
»Ja, Professor Quetzekopp«, antwortete ich. »Ich war dein Schüler und …«
Aber ich kam nicht weiter. Der Professor hob eine Hand,

um mich zum Schweigen zu bringen. Dann sprach er: »Quetzekopp – der Name kommt mir auch bekannt vor. Aber ich erinnere mich nicht. Und ich will es auch nicht.«

Er blickte zu Boden. Ich begriff nichts. Vor mir stand – älter zwar und mit einer Narbe am Kopf – mein alter Professor. Mitten in der Antarktis. Wie war er hier nur hergekommen? Und wie kam er zu der gewaltigen, rätselhaften Glasmaschine, mit der er sogar Stürme besiegen konnte?

Der Professor deutete auf die Motorschlitten, die draußen im Schnee standen. »Nehmt sie und verschwindet«, sagte er. »Und zwar schnell, ehe ich es mir anders überlege. Ihr braucht nur loszufahren. Die automatische Steuerung wird euch direkt zur nächsten menschlichen Siedlung bringen.«

Meine Gefährten zögerten nicht lange. Jeder sprang auf einen Schlitten und sie sausten knatternd davon. Ich aber blieb einfach stehen. Schließlich standen der Professor und ich allein in der Eiswüste.

»Was ist mit dir?«, fragte Quetzekopp.

»Ich gehe nicht«, sagte ich. »Ich war dein Schüler und dein Freund und möchte wissen, was mit dir geschehen ist. Professor, sieh mich doch an. Ich bin es, Paul.«

Der Professor antwortete nicht. »Paul?«, murmelte er. »Mein Schüler?«

Dann drehte er sich einfach um und stieg in seinen Hubschrauber. Ich rannte hinterher und sprang mit hinein. Quetzekopp protestierte nicht. Er tat so, als ob ich gar nicht da wäre, setzte sich in seinen Pilotensitz und ließ den gewaltigen Motor an. Wir hoben mit Donnern und Brüllen ab und flogen über das ewige Eis.

Dann, nach ungefähr einer Viertelstunde, landete der Professor auf einem Berg, der aus dem Eis herausragte. Quetzekopp drückte auf einen Knopf und plötzlich tat sich ein gewaltiger Spalt mitten im Fels auf. Ich sah, dass eine Treppe hinunter ins Innere des Berges führte. Der Professor stieg aus dem Hubschrauber und ging die Treppe hinab. Ich folgte ihm. Er drehte sich nicht einmal um, aber ich war sicher, er wusste, dass ich ihm folgte. Die Treppe erschien mir endlos. Links und rechts leuchteten grüne Lampen in einem seltsamen kalten Licht. Dann krümmte sich der Weg hinab und auf einmal standen wir in einer gewaltigen Halle. Sie war etwa so groß wie die Turnhalle in einer Schule und bis oben vollgestopft mit Maschinen, Tafeln, Büchern, einem großen Labor und einem Regal, das bis oben hin mit Lollis und anderen Süßigkeiten gefüllt war. Fluggeräte standen herum, ein Motorrad mit drei Rädern, ein rundes Auto aus Glas und eine sonderbare Maschine, vor der ein Korb mit Tomaten stand.

Professor Quetzekopp drehte sich zu mir um und sagte: »Du bist mir also gefolgt. Du behauptest, mich von früher zu kennen. Aber wisse: Ich kann mich an mein früheres Leben nicht erinnern. Ich weiß nur, dass ich ein Wissenschaftler bin und Dinge erfinden muss. Das tue ich hier in der Antarktis, wo ich ungestört bin. Manchmal erinnere ich mich an einen furchtbaren Knall. Das ist aber auch alles.«

»Natürlich«, rief ich. »Professor, der Knall, das war die Explosion in deinem Labor zu Hause. Damals hast du dich verletzt und musst das Gedächtnis verloren haben. Auf jeden Fall bist du seitdem verschwunden. Und hier habe ich dich jetzt wiedergefunden.«

Quetzekopp sah mich lange an. Dann setzte er sich auf einen Stuhl und schwieg. Ich sah, dass seine Augen feucht waren. Er war ein einsamer Mann. Mir war jetzt alles klar. Der Professor hatte damals bei dem Unfall teilweise das Gedächtnis verloren und war völlig verwirrt geflüchtet. Ich hatte schon von solchen Fällen von Gedächtnisverlust gehört. Manchmal wussten die Leuten einfach nicht mehr, wer sie waren, konnten aber ansonsten alle Dinge tun, die sie auch sonst zu tun vermochten.

Hier in die Antarktis hatte sich der Professor also zurückgezogen. Verwirrt und verletzt, um in der eisigen Einöde weiter seine Erfindungen zu machen.

Ich ging zu Quetzekopp und sagte: »Professor, hier an meinem Hals trage ich eine Kette. In ihrem Anhänger befindet sich eine Pille, die du mir vor vielen Jahren einmal geschenkt hast. Sie heißt ›Denk-Kanone‹ und du selber hast mir gesagt, dass jeder, der sie herunterschluckt, sich sofort an alles erinnern kann, was er einmal gewusst, aber wieder vergessen hat. Ich habe sie nie gebraucht. Aber du brauchst sie jetzt. Nimm die Pille und du wirst wieder wissen, wer du früher einmal warst. Mein Freund nämlich.«

Professor Quetzekopp blickte hoch. Ich hielt ihm die Pille hin. Er nahm sie in seine Hand und sah sie lange an.

»So, so«, murmelte er. »›Denk-Kanone‹ heißt diese Medizin. Der Name könnte von mir sein.«
»Aber er ist von dir!«, rief ich. »Bitte nimm sie.«
Und er tat es tatsächlich. Mit einer schnellen Bewegung warf er die Pille in seinen Mund und schluckte sie runter.

Dann passierte erst einmal nichts. Der Professor saß einfach nur da und rührte sich nicht. Dann plötzlich rollte er mit seinen Augen. Dann rümpfte er die Nase. Dann wackelte er mit den Ohren. Dann standen ihm die Haare zu Berge. Dann riss er den Mund auf und schnalzte mit der Zunge. Dann ruderte er heftig mit den Armen. Dann sprang er auf und tanzte. Wie ein Wilder. Und dabei rief er: »So tanzt man Walzer. Hatte ich doch glatt vergessen.«
Doch plötzlich fiel der Professor um und rührte sich nicht mehr. Ich bekam einen Riesenschreck. War er etwa tot? Ich beugte mich über ihn und fühlte seinen Puls. Er lebte glücklicherweise noch.

Und da: Mit einem Mal riss er die Augen auf, packte meine Hand und sagte: »Paul, mein Junge, was machst du denn hier?«
Ich sprang hoch, jubelte laut und rief: »Professor, es hat geklappt! Du kannst dich wieder erinnern!«
Und so war es auch. Dank der »Denk-Kanone« wusste der Professor wieder genau, was geschehen war. Tatsächlich hatte er bei dem Unfall in seinem Labor das Gedächtnis verloren und war voller Entsetzen in die Antarktis geflüchtet, wo er sich in seiner Jugend in dem Berg einmal ein geheimes Versteck – für eventuelle Katastrophenfälle – gebaut hatte. (Die Informationen über dieses Versteck hatte er zufällig in einem Stapel unversehrter Unterlagen gefunden, denn natürlich konnte er sich an diesen Ort nicht entsinnen.) Hier in der Antarktis hatte er dann versucht, sich zu erinnern. Doch vergeblich. Aber zum Glück war er immer noch in der Lage gewesen, Erfindungen zu machen. Und das tat er denn auch reichlich.
»Du kannst dir gar nicht vorstellen, Paul, was ich am Anfang alles so zusammengebaut habe«, erzählte der Professor, als wir in einem seiner unterirdischen Zimmer bei einem Glas heißer Schokolade zusammensaßen. »Ich war etwas verrückt. Einmal habe ich ein Jahr an einer Maschine gebaut, die Tomatenketchup wieder zurück in Tomaten verwandeln kann. Und ein anderes Mal habe ich einen Spielzeugfrosch erfunden, der tausend Meter weit hüpfen konnte. Ich habe ihn aber nur ein Mal ausprobiert und ihn danach nicht wiedergefunden. Später habe ich dann die große Glaskuppel gebaut, um Tieren

und Menschen zu helfen, die in der Eiswüste in Not geraten sind.«
Wir redeten den ganzen Tag lang. Der Professor wollte natürlich wissen, wie es mir ergangen war. Und ich hatte Recht gehabt: Als ich ihm erzählte, dass ich ein echter Wissenschaftler geworden war, war er sehr, sehr stolz auf mich.
Und dann stiegen wir in den Hubschrauber und flogen nach Hause. Einfach so.

Der Grützgeist

Meine Lieblingsgeschichte! Sie handelt von dämlichen Geistern, mutigen Jungen und Herrn Motzke, dem schlechtestgelaunten Wesen der Welt. Außerdem wird gepupst und es werden Spitzenwitze erzählt. Was will man mehr?

Ich lag in meinem Bett und konnte nicht einschlafen. Das war blöd. Und langweilig. Total langweilig. Draußen war es dunkel. Aber auch ein bisschen hell. Denn es war Vollmond. An meinem Fenster bewegten sich die Gardinen. Das war wohl der Wind. Moment, dachte ich. Es wehte ja gar kein Wind. Aber warum bewegten sich dann meine Gardinen?

Ich setzte mich auf. Sonderbar, wirklich sonderbar, dachte ich und bekam etwas Angst. Und dann hörte ich eine Stimme. Eine helle, sehr komische Stimme und sie sagte: »Verdammt, gleich esse ich mich auf. Jetzt hab ich mich doch glatt in dieser doofen Gardine verheddert.«

Meine Angst verflog. Wer so ein dünnes Stimmchen hatte, der konnte ja wohl kaum gefährlich sein, oder?

Also rief ich: »Wer ist da, zum Teufel? Ich habe eine Pistole und werde gleich schießen.« Hatte ich gar nicht,

aber es konnte nicht schaden, ein wenig zu drohen. Die Stimme verstummte. Die Gardine bewegte sich nicht mehr. Dann ertönte das Stimmchen wieder. Viel leiser und noch heller: »Nicht schießen. Ich bin es doch nur.«
»Wer ist ›ich‹?«, fragte ich.
»Dein Geist«, antwortete die Stimme.
»Was für ein Geist?«, fragte ich. »Und wieso mein Geist? Ich habe einen Saurier und ein Gummimonster, aber keinen blöden Geist.« Ich war auf einmal ziemlich mutig.

»Ich komme direkt aus dem Geisterland und wurde hierher geschickt, um dich zu piesacken.«
»Um was zu machen?«, fragte ich.

»Um dich zu piesacken, zu ärgern, zu erschrecken, dich verrückt zu machen, dich zu Tode zu ängstigen und all solche Sachen. Mein Motto ist:

Ich bin der Geist
Der Prtux heißt
Und jedem in die Füße beißt.«

Ich lachte. »Was für ein schönes Motto. Aber für mich bist nur ein *Grützgeist.*«
»Ein was?«
»Ein Grützgeist«, antwortete ich. »Immer, wenn was nicht klappt, sagt mein Vater nämlich: Das ist ja wohl in die Grütze gegangen. Na, und du solltest mich doch piesacken und so weiter. Und das hat ja nun nicht geklappt. Deshalb bist du eben nur ein Grützgeist.«

»Also so was«, sagte der Grützgeist und guckte empört. Ich konnte ihn jetzt nämlich sehen. Er war etwa so groß wie ein Hamster, sein Körper bestand aus weißem Rauch und er hatte ein rundes Gesicht mit einer dreieckigen Nase und einem breiten Mund. Eigentlich sah er ganz lustig aus.

Der Grützgeist guckte also empört, schwebte um die Gardine herum und brabbelte unverständliches Zeugs. Er war anscheinend sauer. Aber das war mir egal. Wer in mein Zimmer kommt, um mich zu erschrecken und sich statt dessen in meiner Gardine verheddert, verdient es, ein bisschen veralbert zu werden. Moment, fragte ich mich, wieso eigentlich verheddert?

»Hey, Grütze«, sagte ich. »Ich denke, du bist ein Geist? Und die bestehen doch eigentlich aus Luft oder so was. Warum kannst du dich überhaupt in meiner Gardine verheddern?«

»Ich bestehe nicht total aus Luft«, antwortete Grütze. »Wir Geister der unteren Klassen sind mehr so beschaffen, wie … äh … wie Zuckerwatte. Leicht und locker, aber irgendwo hängen bleiben können wir trotzdem. Und nenn mich bitte nicht Grütze. Ich heiße Prtux.«

»Okay, Grütze«, sagte ich. »Aber du sagtest eben Geister der unteren Klassen? Wie sehen denn die der oberen Klassen aus?«

Grützi hob die Zuckerwatte-Arme und riss die Augen auf: »Furchtbar«, schrie er. »Grauenhaft, total ekelhaft, schrecklich, zum Kotzen, wahnsinnig ätzend, widerwärtig und abstoßend, einfach zum Fürchten. Also kurz: so wie ich.«

»Da lachen ja die Hühner«, sagte ich. »Ich fürchte mich nicht vor dir. Nicht einen Pups.«
Grützi guckte wie ein begossener Pudel.
»Fürchtest du dich denn nicht wenigstens ein ganz kleines bisschen? Bitte, sieh doch nur, wie ich mein Maul aufreißen kann.« Und er riss seinen Mund auf, so dass er aussah wie ein Stück weiße Tischdecke mit einem schwarzen Loch drin.
»Nein, tut mir leid«, sagte ich. »Keine Furcht. Kein Zittern. Ich lach mich gleich kaputt.«
»Hah!«, schrie Grütze. »Siehst du, gleich gehst du kaputt. Hab ich's doch gewußt. Buuuuuuuh, los, geh kaputt!«
Ich lachte los. Es war einfach zu komisch, wie dieser Grützgeist versuchte, mich in Angst und Schrecken zu versetzen, und dabei immer lustiger aussah.
Schließlich schwieg der Grützgeist und setzte sich missmutig auf die Fensterbank.
»Was soll ich nur machen?«, jammerte er. »Wenn ich ins Geisterland zurückkehre und erzählen muss, dass du kein kleines, mieses Fitzelchen Angst vor mir hattest. Weißt du was? Dann bin ich fertig, am Ende, total im Eimer. Sie werden mich auslachen und dann darf ich hundert Jahre lang nicht wieder in die Menschenwelt.«
»Sag doch einfach, dass ich zu Tode erschrocken war und gewimmert habe wie ein Feigling«, schlug ich vor.
»Geht nicht«, stöhnte Grütze. »Wir Geister können nicht lügen. Dann laufen wir rosa an und jeder sieht es. Es gibt keine Lösung.«
Ich überlegte. Und stolz wie ich war, weil ich keine Furcht vor einem waschechten Geist gehabt hatte, mach-

te ich Grütze einen verwegenen Vorschlag: »Weißt du was, mein Grützgeist? Ich kann doch einfach mit ins Geisterland kommen und ihnen erklären, was los war. Ich erkläre, dass du dir ziemlich viel Mühe gegeben hast, aber dass ich leider kein bisschen furchtsam und deshalb nur verdammt schwer zu erschrecken bin. Dann sehen sie, was für ein Kerl ich bin.«

Noch während ich das sagte, hoffte ich allerdings, dass Grütze meinen Vorschlag nicht annehmen würde. Ich wollte eigentlich nur ein bisschen angeben. Bestimmt ging das gar nicht, so einfach ins Geisterland mitzukommen. Aber da hatte ich mich verdammt geirrt. Denn der Grützgeist sprang auf, jubelte, tanzte und schrie: »Meine Rettung! Du kommst mit. Super!«

»Äh, geht das denn so einfach?«, fragte ich – schon etwas weniger vorlaut.

»Ja, und weißt du auch warum, du Rübe?«, fragte Grütze. »Ganz einfach, weil du selber darum gebeten hast. Kein Mensch kann ins Geisterland gezwungen werden. Es sei denn, er schlägt es selber vor. Und das hast du gerade getan, mein kleiner tapferer Menschenfreund. Hahahahaha, huhuhuhu!«

Dann sprang er hoch, sauste einmal um meinen Kopf herum und rief: »Und los geht's!«

Und ich kann euch sagen: Es ging los. Aber wie!

Ein gewaltiger Windstoß fuhr in mein Zimmer, packte mich und riss mich aus dem Bett. Ich flog. Tatsächlich, Leute, ich flog wie ein Vogel. Der Wind fühlte sich seltsam warm an, wie ein Föhn. Und nachdem ich eine Zeit lang wie eine fette Hummel um meine Deckenlampe

gesaust war, schoss ich ganz plötzlich mit dem grinsenden Grütze neben mir aus dem offenen Fenster. Komischerweise hatte ich gar nicht so große Angst, wie ihr jetzt vielleicht denken werdet. Es war einfach alles zu unglaublich. Wie in einem Traum. Und außerdem war es schon ein ziemlich tolles Gefühl zu fliegen. Grütze und ich rasten wie zwei Schwalben etwa fünf Meter über dem Boden dahin. Unseren Garten hatten wir längst hinter uns gelassen. Wir sausten jetzt in Richtung Wald. Die Bäume kamen in atemberaubendem Tempo auf mich zu, doch der Zauberwind, der mich trug, lenkte mich sicher um jedes Hindernis herum.

Nach etwa einer Minute ragte vor uns eine gewaltige Felswand auf. Und wisst Ihr was? Wir schossen einfach darauf zu und der Wind machte keine Anstalten, daran vorbeizusteuern. Jetzt war der Felsen nur noch einen Meter entfernt. Ich schrie auf, riss die Arme vors Gesicht und – schwupp – waren wir mitten drin in dem Felsen, ohne dass ich auch nur den Hauch eines Widerstandes gespürt hatte. Wir flogen **in** dem Felsen herum. Ich weiß, das geht nicht. Aber Grütze und ich taten es. Um mich herum hörte ich ein seltsames Brummen. Dann nach einiger Zeit sah ich vor mir ein Licht. Wir flogen näher heran und ich erkannte eine Tür, die von zwei blauen Fackeln erhellt war. Vor ihr hockte ein Schwein in einer roten Uniform und sah uns erstaunt an.

»Ja, zur Hölle noch mal, wen haben wir denn da?«, fragte das Schwein. Es sprach akzentfrei Deutsch. Wir stoppten abrupt und ich purzelte dem Schwein direkt vor die Füße. Wir waren jetzt offenbar nicht mehr in dem Fel-

sen, denn über uns konnte ich einen grünlichen, düsteren Himmel erkennen, in dem zwei Monde und unzählige blaue Sterne leuchteten.
Ich rappelte mich auf. Grütze schwebte neben mir und sagte mit stolzer Stimme: »Wen wir da haben, mein kleiner, dicker, rosa Fettmops? Vor dir stehen Prtux und ein waschechter Menschenjunge, der gern mal das Geisterland besuchen möchte. Was sagst du nun?«
Das Schwein, das wirklich ziemlich fett war – selbst nach schweinischen Maßstäben – sah mich staunend an. »D … dddas, das«, stotterte es. »Das wäre das erste Mal seit tausend Jahren. Wie hast du das nur geschafft, Prtux?«
»Na ja«, antwortete Grütze und ich konnte sehen, wie schwer es ihm fiel, nicht zu lügen. »Also, er hat es von sich aus angeboten, der kleine Depp.«
Das war zu viel für mich. »Depp« hatte er mich genannt! »Nenn mich nicht Depp!«, schrie ich. »Wer hat sich denn in meiner Gardine verheddert und rumgejammert, hä? Das warst doch du, du Grützkopf, du Schrottgeist, du Pupsgespenst.«
Das Schwein lachte. Dabei zuckte es unaufhörlich und sein Bauch wabbelte hin und her wie ein riesiger Wackelpudding.
»Hahaha, das ist gut, Pupsgespenst, also wirklich. Was für ein wunderbarer Junge. Aber Spaß beiseite. Kommen wir zu den Einreiseformalitäten. Also, mein Junge: Name? Beruf? Vorstrafen? Irgendwelche Narben?«
»Ich heiße Karl«, sagte ich. »Ich bin Schüler und habe weder Narben noch Vorstrafen.«

»Keine Vorstrafen?«, jammerte das Schwein. »Bist du etwa ein – igitt – ein braves Kind?«
Sein Gesicht verzog sich in aufrichtigem Ekel.
»Das nun nicht gerade«, antwortete ich. »Aber ich habe noch nie etwas richtig Schlimmes angestellt.«
»Schade, nun ja, kann man nichts machen. Hier musst du unterschreiben, und zwar mit deinem Namen und dem schlimmsten Schimpfwort, das du kennst.«
Es wurde immer seltsamer. Aber was hatte ich noch zu verlieren? Ich schrieb also meinen Namen hin und daneben: »Du alter Popelfresser«. Das, fand ich, war wirklich eine ziemlich grobe Beleidigung.
Das Schwein aber lachte nur und sagte: »Also wenn das alles ist in Sachen Schimpfwörter. Na, dann gute Nacht. Los, ihr könnt eintreten.«
Und wie auf Kommando öffnete sich die Tür und gab den Blick frei auf eine Hängebrücke, die einen See überspannte. Der See war gelb, und ab und zu hüpften seltsame Wesen aus dem glibberigen Wasser und rülpsten laut. Sie sahen aus wie Fischstäbchen mit drei Augen.
Grütze schwebte vor und ich ging hinterher. Was hätte ich auch sonst groß tun sollen? Etwa bei dem dicken Schwein bleiben? Na also.
Die Brücke war ziemlich lang. Sie führte uns schließlich direkt auf eine Bergspitze. Da hockte eine Kröte mit drei Köpfen und las ein Buch verkehrt herum. Als sie uns sah, fing sie aufgeregt an zu schreien: »Du gute Güte, ein Mensch! Warum hat mir denn keiner Bescheid gesagt?«
Und dann zerplatzte sie mit einem dumpfen Knall und auf einmal waren lauter Seifenblasen in der Luft zu sehen.

»Lass dich davon nicht irritieren«, sagte Grütze. »Das war nur eine Platz-Unke. Wenn die sich nur ein bisschen aufregen – Peng – da haben wir den Krötensalat.«
Da, wo die Platz-Unke gesessen hatte, sah ich nun eine Rolltreppe, die nach unten führte.
»Ab geht's«, meinte Grütze und sprang auf die Treppe. Ich folgte ihm. Wir fuhren in ziemlich schnellem Tempo hinab. Wie in einem Kaufhaus. Es sah nur alles ganz anders aus als bei uns in der Stadt. Zwar gab es hier auch Regale. Aber darin waren keine Schuhe oder Spielzeuge, sondern etwas ganz anderes. Nämlich viele, viele, unzählige Gespenster, die alle ein bisschen so aussahen wie Grütze. Einige größer, einige kleiner, einige mit viereckigen Augen, einige mit zwei Mündern, aber alles Gespenster. Und vor jedem Gespenst hing ein Schild mit einem Namen. »Peter, Hauptstraße 8« konnte ich beim Vorbeisausen lesen. Und »Malte, Kiefernweg 12« und auch noch »Thomas, Hofgasse 9«.
»Was sollen die Schilder?«, fragte ich Grütze.
»Na, das sind die Kinder, denen die Kollegen zugeteilt sind. Schau mal da vorn, da wohne ich.«
Mit seinem Geisterfinger zeigte er auf ein leeres Regalfach mit einem Schild. Darauf stand: »Karl, Eichenallee 7«.
Mein Name, meine Adresse!
Also hatte offenbar jedes Kind seinen persönlichen Geist, der es piesacken sollte. Aber warum hatte ich noch keinen meiner Freunde jemals von solchen Geistern reden hören? Ich fragte Grütze, während wir weiter die Rolltreppe hinuntersausten, vorbei an unzähligen Regalen voller Geister.

»Also, das ist nicht weiter verwunderlich«, erklärte Grütze. »Die meisten Kinder kriegen es noch nicht einmal richtig mit, wenn wir da sind. Ein paar schlechte Träume, ein bisschen Magendrücken – das ist so ungefähr das Wildeste, was wir euch antun. Dann haben wir unsere Pflicht und Schuldigkeit getan und weg sind wir wieder. Außerdem kommen wir ohnehin nur einmal im Jahr. Mich hättest du auch nicht bemerkt, wenn du geschlafen hättest ... und, na ja, und wenn ich meine Geisterschnauze gehalten hätte. Ich war leider schon immer ein wenig vorlaut.«

Weiter kam Grütze nicht, denn auf einmal blieb die Rolltreppe stehen. Wir waren am Boden des geisterhaften Kaufhauses angelangt.
Grütze winkte mir mit einem seiner Zuckerwatte-Finger, ihm zu folgen, und flog voraus. Vor uns erstreckte sich ein langer, schmaler Gang. Er hatte weiße Wände. In der Wand steckten Augen, die jede unserer Bewegungen verfolgten. Weiter hinten waren Münder in den Wänden zu sehen. Sie flüsterten leise miteinander.
Das klang ungefähr so: »Hast du den Jungen gesehen? Psspsssss. – Und da ist auch Prtux. – Ja genau, ein Hilfsgeist der unteren Klasse. Was will der denn hier unten? Hat er den Jungen etwa hergebracht? Pssppsssss.«
Und so weiter. Dann hatten die Wände plötzlich Ohren. Und schließlich wurde der Gang breiter und auf einmal sah ich links und rechts auch Türen. Auf der einen stand: »Vampire – Knoblauch-Esser müssen draußen bleiben«. Auf der nächsten las ich: »Werwölfe – bei Vollmond vorher anklopfen«. Auf der nächsten stand: »Mumien – Alter kommt vor Schönheit«. Nebenan befand sich eine ziemlich große Tür. Das Schild lautete: »Monster – bitte Pfoten abtreten«. Auf dem nächsten Schild hieß es: »Geister und Gespenster – Hauptabteilung – Vorsicht: Zugluft«.
Und vor dieser Tür blieb Grütze stehen, vielmehr schweben.
»Da müssen wir jetzt rein«, sagte er. »Da wohnt unser Chef. Er heißt Prtzxbopfeeegehjhhg, aber ich glaube, du solltest ihn einfach Chef nennen.«
Mit diesen Worten stieß er die Tür auf und wir betraten

einen äußerst merkwürdigen Raum. Er hatte fünf Ecken und aus den Wänden wuchsen Kristalle. Nebel wogte auf dem Fußboden und seltsame Musik erklang. Und mitten in dem Raum in einer gewaltigen Glasschale saß ein riesiges Gespenst. Es bestand ebenfalls aus der zuckerwatteartigen, weißlichen Substanz, sein Gesicht erschien mir jedoch viel klarer als das von Grütze. Ich konnte deutlich die Nase, den Mund, die Ohren und Augen erkennen. Und das Gespenst hatte sogar so etwas wie Haare, die sich nach oben zu einer Art Krone verformten. Das war also der Chef!

Er sah mich an, gluckste und aus seinen Ohren strömte Dampf.
»Ein Mensch!«, grunzte er.
Jetzt bekam ich es doch mit der Angst zu tun. Aber dann sagte der Chef. »Willkommen im Geisterland, mein Junge. Schön, mal wieder einen unserer Kunden persönlich begrüßen zu können. Ich heiße … ach, nenn mich einfach Chef.«
»Tag, Chef«, sagte ich und ärgerte mich, dass meine Stimme so dünn klang.
»Tja, mein Junge. Du wirst einige Zeit hierbleiben müs-

sen. So will es das Geistergesetz. So zirka fünfzig Jahre. Es sei denn, du willst unbedingt gleich wieder zurück nach Hause. Aber dann musst du eine schwierige Aufgabe erfüllen.«
»Welche denn, Chef?«, fragte ich. Denn fünfzig Jahre schienen mir doch einen Hauch zu lang zu sein.
»Nun«, sagte Chef. »Du musst unseren größten Miesepeter, unseren obersten Griesgram, unseren Dauer-Morgenmuffel namens Motzke zum Lachen bringen. Dann bist du sofort frei. Willst du das versuchen? Bisher hat es allerdings noch keiner geschafft«, schickte er hinterher.
»Ja, unbedingt«, sagte ich. »Wo ist der Herr Motzke?«
»Moment«, sagte Chef. »Ich zaubere uns mal eben hin.«
Und dann pupste er, dass es nur so krachte im Gebälk und – schwups – waren wir ein einem anderen Zimmer. Es sah aus wie eine Tropfsteinhöhle. Von oben und unten ragten Stalaktiten und Stalagmiten in den Raum. Kleine, blaue Fledermäuse huschten umher. Es roch nach Mist. Und in der Ecke hockte etwas, das auf den ersten Blick aussah wie ein Haufen alter Wischlappen.
Aber auf einmal ertönte eine Stimme mitten aus dem Haufen heraus. Sie sagte: »Alles doof. Alles blöde. Alles Arschgeigen außer Mutti. Und Mutti ist auch doof. Ich finde alles blöd. Mich auch. Dich auch da vorne, du blöder, kleiner Menschenjunge. Wie du schon aussiehst. Wie ein Frosch, nur nicht so grün. Hau bloß ab. Ich will niemanden sehen.«
Chef, Grütze und ich gingen ein wenig näher an Herrn Motzke heran. Jetzt erkannte ich auch eine gewisse Form inmitten des grauen Haufens. Ich sah, dass Motzke einen

Kopf hatte und auch zwei Arme. Ansonsten sah er aus wie ein Sack Kartoffeln – unförmig und breit. Und wie ihr ja hören konntet, war er unglaublich schlecht gelaunt. Diesen Griesgram zum Lachen zu bringen würde ein ganz schweres Stück Arbeit werden. Aber ich war zuversichtlich. Denn neulich in der Schule hatte ich den Witze-Erzähler-Wettbewerb in meiner Klasse gewonnen. Also fing ich an. Zum Warmwerden machte ich erst mal ein paar Faxen. Ich sagte: »Salomo, der Weise, spricht:

Laute Püpse stinken nicht. Aber die, die leise schleichen, stinken bis zum Steinerweichen.«

Motzke verzog keine Miene. Chef und Grütze lachten sich kaputt.

Dann versuchte ich es mit einem weiteren Gedicht und sang: »Schlaf, Motzki, schlaf. Dein Vater ist ein Schaf. Deine Mutter ist ein Trampeltier. Was kann das arme Kind dafür. Schlaf, Motzki, schlaf.«

Wieder wieherndes Gelächter bei Chef und Grütze. Motzke aber sagte nur: »Genau, alles Trampeltiere, Mutti auch.«

Jetzt half nur noch mein Spitzenwitz. Der, mit dem ich den Wettbewerb in der Schule gewonnen hatte.

»Also«, fing ich an. »Eine Gruppe von Ameisen latscht über einen schlafenden Elefanten. Der wacht auf, erhebt sich, schüttelt sich und alle Ameisen fallen runter. Nur eine nicht. Die hat sich in einer Hautfalte am Hals des Elefanten festgehalten. Die anderen Ameisen sehen das, springen wie verrückt am Boden auf und ab und schreien: ›Los, Erwin. Würg ihn. Würg ihn!‹«

Grütze und Chef schmissen sich fast weg vor Lachen. Als sie fertig waren, schauten wir alle auf Motzke. Und wisst ihr, was passierte?

Der fing an zu grinsen und murmelte: »Der ist wirklich ganz lustig. Mir wird so komisch. Ich glaube, ich muss lachen.« Und dann lachte er. Und zwar so laut, dass sofort die Decke einstürzte und wir uns gerade noch rechtzeitig nach draußen in Sicherheit bringen konnten. Motzke aber lachte unter all dem Geröll weiter.

»Wow«, sagte Chef. »Eine reife Leistung. Brauchst nicht

hier bleiben, Junge. Schade eigentlich. Hättest gern noch ein paar mehr Witzchen zum Besten geben können. Aber versprochen ist versprochen.« Und dann klopfte er mir auf die Schulter, hob seinen Geisterhintern und furzte so laut los, dass mir die Ohren weh taten. Ich hörte Grütze noch »Tschüss« rufen, doch dann wurde alles schwarz um mich. Und still. Sehr still.
Und auf einmal lag ich wieder in meinem Bett. Bei Vollmond. Einfach so, als ob nichts geschehen wäre. Und wisst ihr was? Manchmal glaube ich fast, dass tatsächlich nichts geschehen ist. Wer weiß? Vielleicht habe ich ja auch nur geträumt.

Nachwort oder »Jetzt sind *Sie* dran«

Haben Ihnen – und vor allem Ihren Kindern – meine Geschichten gefallen? Waren Sie begeistert, ergriffen und zutiefst befriedigt? Oder haben Sie vielmehr Ihren Buchhändler misshandelt, weil er Ihnen ein derartig abseitiges, ja gemeingefährliches Buch verkauft hat? Na, wenn Sie bis hierher gekommen sind, will ich mal davon ausgehen, dass Sie nicht allzu entsetzt sind. Es ist nun, liebe Leserinnen und Leser, an der Zeit, sich etwas zu besinnen, innere Einkehr zu halten. Kann ich – so sollten Sie sich nun nach der Lektüre und Präsentation dieser Kindergeschichten fragen – kann ich das nicht auch selber machen oder muss ich dem Wirrkopf Schlenz erneut durch das Erwerben eines womöglich schon im Entstehen befindlichen weiteren Buches seine wahrscheinlich heidnischen Hobbys finanzieren? Nun, ich sagte es ja bereits weiter vorn: Sie *können* es selber. Nur Mut. In Ihnen schlummern jede Menge Astrid Lindgrens und Michael Endes. Wir müssen Sie nur wach kitzeln. Sie ein bisschen schütteln, und fertig ist der Autor. Im Vorwort haben wir diese Erweckung Ihres verborgenen literarischen Ichs zu großen Teilen theoretisch vollzogen. Jetzt, nach der Lektüre der Geschichten, können wir inhaltlich

an die Sache rangehen. Am besten eignet sich die Geschichte von Ben und Maxi zum Weiterspinnen. Da haben Sie ja nun ein ganzes Bestiarium auf dem Präsentierteller geliefert bekommen. Mit Ben, Maxi, Richard, Ptero, Grak, Shira, Stinki, Ping, Büddel und Co. verfügen Sie über eine heterogene Schar von putzigen Protagonisten, die Sie nun in alle möglichen Abenteuer verwickeln können.
Mein Vorschlag: Die Kinder, deren Opi und die sprechenden Tiere leben also in ihrem großen Landhaus und werden fortan ständig von allen möglichen Menschen und Tieren, die in Not sind, angerufen. »Helft uns!«, steht in einem Telegramm aus der Antarktis. »Robbenjäger treiben hier ihr Unwesen.« Absender ist ein Eskimojunge. Geduld, kleiner Inuit (ja, wir wollen hier besser politisch korrekt sein): Rettung naht. Ben und Maxi machen sich mit ihren Freunden in einem großen, umgebauten Privatflugzeug auf den Weg und retten die Robben. Grak zerkneift Gewehre, Shira vertreibt böse Schlittenhunde und Rüssel zerstampft die riesige Harpune auf dem Deck des Robbenfängers. Na, und so weiter … Teufel noch mal, jetzt fang ich schon wieder an, Ihren Job zu machen.
Ich selber habe Ben, Maxi und ihre Tiere schon in unzählige Abenteuer geschickt. Einmal waren sie in »Anderland«, wo die Leute immer das Gegenteil von dem sagen, was sie meinen (ein Brüller, die Geschichte … ich kann Ihnen sagen). Ein anderes Mal waren sie mit einer Zeitmaschine unterwegs, die Professor Quetzekopp ihnen geliehen hatte. Ja, genau, dieser schrille Erfinder, der

Amnesie hatte. Ich empfehle Gastauftritte der Stars anderer Geschichten, ja, ich halte diese sogar für zwingend notwendig. Was im Showgeschäft ankommt, funktioniert auch bei Kindergeschichten. Also kann Augen-Paul ruhig mal mit dem Grützgeist zusammen bei Bobo und Pit vorbeikommen. Sie wissen schon ... Synergieeffekte und so weiter. Niemand verbietet Ihnen, die Geschichten haltlos miteinander zu verbinden. Und wenn Ihnen das Ganze nach eigenem Empfinden dann eine Terz zu wirr gerät – keine Angst: Meine Jungs haben das noch nie kritisiert. Im Gegenteil – sie sind geradezu scharf auf Spannung, gepaart mit haltlosem, krassem Unsinn. Denken Sie beim Erzeugen humoristischer Effekte stets an die kindliche Psyche. Bleiben Sie so einfach und ursprünglich wie möglich. Pupsen ist immer gut. Auch Popeln kommt an. Natürlich muss so was in einen Handlungszusammenhang passen. Zum Beispiel könnte Büddel in der Lage sein, derartig harte Popel aus seiner Nase zu schießen, dass diese quasi wie Gewehrkugeln wirken. Nun ja, ist manchen vielleicht ein bisschen zu eklig.

Ich habe aber einmal bei meinen Jungs für einen Lachanfall erster Güte gesorgt, als Rüssel, der Elefant, in einer Geschichte seine schwimmenden Freunde vor herannahenden Haien retten musste. Rüssel stand auf einem Felsen, sah die Gefahr, sprang ins Wasser und machte dabei direkt vor dem Hairudel eine so gewaltige Arschbombe, dass die Raubfische bis zum Nordpol geschleudert wurden.

Ich glaube, das Prinzip ist nun klar. Und wenn Ihnen

jetzt selbst ernannte Pädagogen einreden wollen, diese Art Geschichten sei infantil, zurückgeblieben, doof und ziele in hohem Maße auf die niederen Instinkte der Kinder … ja, also dann lehnen Sie sich einfach entspannt zurück, lachen Sie ein wenig spöttisch und sagen Sie: »Richtig, genau so ist es.«

Und jetzt kriegen Sie noch einen Tipp für Ihr Geld. Es gibt ja Nachmittage, da regnet es draußen und die Kinder sind so was von mies drauf. Und Sie auch. Und Sie sind schon knapp davor, irgendeinen Kung-Fu- oder Serienkiller-Film auf Kabel 1 anzuschalten, damit Ruhe ist ... Ich sage nur: Halt! Finger weg von der Fernbedienung. Holen Sie Papier und Stifte hervor und malen Sie einfach gemeinsam die Figuren der Geschichten, die Sie ja nun (hoffentlich) viele Male Ihren Kindern vorgelesen haben. Ist doch klasse, wie unterschiedlich die Leute Professor Quetzekopp, den Grützgeist oder den Kokolori sehen. Und wenn Sie gerade so richtig gut drauf sind, können Sie es ja auch mal mit Rollenspielen frei nach meinen oder Ihren Geschichten versuchen. Entdecken Sie den Grützgeist in sich!
Für ein Rollenspiel eignet sich übrigens ganz hervorragend die Geschichte von Bobo und Pit, die ich für eine meiner pädagogisch wertvollsten und politisch korrektesten Storys halte. So pädagogisch, dass ich sie beinahe weggelassen hätte.
Aber kommen wir noch einmal zurück zum Erzählen eigener Geschichten. Und nehmen wir an, Sie haben da jetzt schon so zwei bis zwölf allein zu Stande bekommen. Und die Kinder waren begeistert. Und Ihr Partner hat anerkennend genickt und gesagt: »Hätt ich dir gar nicht zugetraut, Möppel.«
Wenn Sie diesen Status erreicht haben, ist es an der Zeit, den nächsten Schritt zu wagen: Denken Sie sich eine Geschichte für Ihren Partner beziehungsweise Ihre Partnerin aus. Eine Erwachsenengeschichte! Und zwar mit Hil-

fe der gleichen Regeln und Konstruktionsprinzipien wie für die Kindergeschichten. Nur Mut, Knut, würde Bobo sagen. Ich garantiere Ihnen Riesenerfolge. Auf Partys werden die Leute um Sie herum im Schneidersitz hocken und mit offenen Mündern Ihren grellen Storys lauschen. Ihre Ehe kriegt wieder Pfeffer, weil Sie Literatur erzeugen und somit sexy sind.
Sie glauben mir nicht? Okay, dann fang ich mal an. Sie erzählen die Geschichte dann aber bitte selber zu Ende. Wäre ja noch schöner. Also:

Rita stand in der Küche und sah durch die halb geöffnete Tür ins Wohnzimmer hinein. Dort saß Werner, ihr Mann. Sie hatte den scheinselbstständigen Karusselbremser vor zwölf Jahren geheiratet. Er trug einen Jogginganzug und sah fern. Die Sportkleidung betonte das Sackartige seiner Figur. Sie blickte ihm ins Gesicht. Sein Mund war halb geöffnet. Die Bierflasche verharrte halb voll in seiner Hand. Er konzentrierte sich auf ein Interview mit Franz Beckenbauer. Dieser gab, wie üblich, Mundart ohne Inhalt zum Besten. Werners Augen, dachte sie. Unter diesen Augen hatten einst jene kleinen Lachfältchen geblitzt, die sie so geliebt hatte. Jetzt waren daraus Tränensäcke in Klammerbeutelgröße geworden. Werners Teint war fahl, seine Haut grobporig. Sein linkes Bein war steif. Sonst konnte kein Körperteil mehr mit diesem Adjektiv belegt werden.
Werner war nicht unfreundlich zu ihr. Nein, das nicht. Er behandelte sie eher wie eine Katze. Die man sich hält, weil man nicht allein sein will, und ab und zu mal wie nebenbei anspricht oder mit einem kleinen Klaps vom Sessel

scheucht, um sich dann mit abwesendem Lächeln den wirklich wichtigen Dingen zu widmen: Fußball, Skat, Essen. Werner sprach nicht viel. Satzfragmente eher. Ohne Blickkontakt. »Zu durch das Steak.« Oder: »Kein Klopapier mehr da.«
Nein, die Liebe zwischen Rita und Werner war erkaltet. Und doch schaffte Rita es nicht, sich von diesem Leben zu lösen, den Schritt zu wagen, sich auf eigene Beine zu stellen. Nun, ja, das liebe Geld. Rita war nie berufstätig gewesen und verfügte praktisch über keinerlei eigenes Einkommen. Aber sie war intelligent, belesen, schlank, sexy, schlagfertig und gesund.
Eines Tages – ihr Mann war auf Montage bei einem stadtbekannten Rentenbetrüger – klingelte es bei Rita an der Tür. Sie öffnete, ohne daran zu denken, dass sie ja nur ihren Morgenmantel trug, der zudem noch halb geöffnet war.

Du meine Güte, ich mache hier besser Schluss. Ist mir irgendwie entglitten, die Geschichte. Nur noch ein paar kleine Vorschläge. Vor der Tür steht nun also ein südländischer Feinmechaniker, der verdammt gut aussieht und eine Reifenpanne mit seinem Cabrio hat. Rita bittet ihn herein. Sie trinken einen Persiko (kennen Sie den aus den Siebzigern noch? Es hieß, man würde blind davon. Na, egal.) Sie trinken also einen Persiko, den wir früher immer scherzhaft »Perversiko« nannten, und verlieben sich dabei derartig verschärft ineinander, dass es nur so kracht im Gebälk. Und genau in diesem Augenblick – also im Augenblick des Verliebens, wie immer der auch aussehen mag – da stürmt Ritas Mann herein, weil er sein Denk-Gerät vergessen hat. Die beiden Liebenden fliehen und verstecken sich schnell in einer Abseite. Aber da der Karusselbremser abseitig veranlagt ist, guckt er

dort zuerst nach, findet sie und zwingt sie, fortan für ihn auf 630-Mark-Basis zu arbeiten. Bei Weigerung droht er beiden, sie mit einem Sodbrenner zu misshandeln. Jetzt hilft den frisch Verliebten nur noch die Flucht. In einem unbeobachteten Moment fliehen die beiden mit einer Kurtaxe auf die Nordseeinsel Föhr und verstecken sich im Sendemast des dortigen Kabeljau-TV-Senders. Aber dort hausen bereits dunkle Gestalten, und zwar grauenhaft entstellte Spendenbetrüger mit todbringenden schwarzen Kassen …

Nun, ja, soweit so gut. Ich denke, Sie haben jetzt genug Stoff um selber weiterzumachen. Viel Glück dabei wünscht Ihnen derartig herzlich

Ihr
Kester Schlenz